Viajes del saber

Viajes del saber
Ensayos sobre lectura y traducción en Cuba

Rafael Rojas

Almenara

CONSEJO EDITORIAL

Luisa Campuzano
Adriana Churampi
Stephanie Decante
Gabriel Giorgi
Gustavo Guerrero
Francisco Morán

Waldo Pérez Cino
Juan Carlos Quintero Herencia
José Ramón Ruisánchez
Julio Ramos
Enrico Mario Santí
Nanne Timmer

© Rafael Rojas, 2018
© Almenara, 2018

www.almenarapress.com
info@almenarapress.com

Leiden, The Netherlands

ISBN 978-94-92260-26-0

Imagen de cubierta: Geandy Pavón, *Wrinkled Liberty*

All rights reserved. Without limiting the rights under copyright reserved above, no part of this book may be reproduced, stored in or introduced into a retrieval system, or transmitted, in any form or by any means (electronic, mechanical, photocopying, recording or otherwise) without the written permission of both the copyright owner and the author of the book.

	Introducción 7
I.	La Avellaneda y el republicanismo 15
II.	José Martí y el liberalismo latinoamericano 29
III.	La historiografía norteamericana en Martí 45
IV.	Juan Marinello: el dogma y la crítica 59
V.	Poesía de imperio 83
VI.	Filosofía de la curiosidad 105
VII.	Castillos de Lezama. 125
VIII.	Gastón Baquero sube y baja las escaleras del tiempo. . . .139
IX.	Sí y no al psicoanálisis. 151
X.	Benítez Rojo en su laboratorio 165
	Bibliografía 181

Introducción

En las últimas décadas, la historia y la teoría culturales han colocado la traducción y la lectura en el centro de sus indagaciones. Leer y traducir, no como formas de asimilación o traslación pasivas de discursos exteriores, tal y como predomina en las dinámicas tecnológicas del consumo cultural en el siglo XXI, sino como prácticas constitutivas de la creación intelectual en el mundo moderno. Desde diversas perspectivas, es algo en lo que han venido insistiendo, en los últimos años, el historiador francés Roger Chartier y el crítico norteamericano Harold Bloom.

Ya en el clásico *El mundo como representación* (1992), Chartier propuso pensar la práctica de la lectura en la era moderna, no sólo como mecanismo del «ocio y la sociabilidad» en la Europa de los siglos XVII y XVIII, sino como un momento de la escritura y la construcción de autorías, especialmente en el momento neoclásico de la Ilustración (Chartier 1992: 107-120). En la *Historia de la lectura en el mundo occidental* (1998), que Chartier coordinó con Guglielmo Cavallo, el historiador alemán Reinhard Wittmann sostenía que el nacimiento de un lector moderno, tras la que llamaba «revolución de la lectura» del siglo XVIII, suponía, además de un mercado, la reproducción del tipo de escritor letrado y de las instituciones literarias en que se movía (1998: 451-472).

Hace algunos años Jean-Yves Mollier sugirió que con la «industrialización de la literatura», que avanza aceleradamente desde fines del siglo XVIII hasta la globalización tecnológica del siglo XXI, se produce una resistencia letrada contra la cultura de masas, pero, también, una dilatación del mercado del libro que da refugio a las poéticas más sofisticadas (Mollier 2009: 69-75). La lectura vive su propia experiencia de masificación, al compás de la revolución tecnológica, y crea circuitos alternativos de recepción de la mejor literatura global.

Harold Bloom observaba a principios del presente siglo la apoteosis de aquella lectura moderna, profesional, que, a su juicio, se había vulgarizado con el academicismo y la tecnificación del mercado editorial (2000: 21-22). Hasta el siglo xix los grandes escritores fueron grandes lectores, que no se entregaron, necesariamente, a la lectura para convertirse en buenos escritores. Valores ilustrados como la sabiduría, el abandono de los tópicos o el mejoramiento humano habían sido finalidades de la lectura para Samuel Johnson o Ralph Waldo Emerson. Escritores del siglo xx, como Thomas Mann o Wallace Stevens, harán de la lectura un medio de perfeccionamiento de su ironía y su esteticismo. Una suerte de «lectura creativa», el término del que renegó alguna vez el propio Bloom (2000: 24).

Pocos escritores contemporáneos en América Latina entendieron esa mezcla de lectura y escritura, en un mismo acto de creación, como el argentino Ricardo Piglia. En su ensayo «El escritor como lector», Piglia evocaba la sonada conferencia de Witold Gombrowicz en Buenos Aires, en 1947, titulada «Contra los poetas», para sostener que «la literatura es un modo de leer, ese modo de leer es histórico y social, y se modifica». Una formulación que nada tiene que ver con el llevado y traído «historicismo», que tanto aborrece Bloom –sin entender, me parece, lo que fue el historicismo, desde el punto de vista filosófico, a principios del siglo xx–, ya que Piglia se apresura a agregar: «lo histórico no está dado, se construye desde el presente y desde las luchas del presente. Al cambiar el modo de leer, la disposición, el saber previo, cambian también los textos del pasado» (Piglia 2014: 91).

Y quien dice leer en América Latina y, específicamente, en el Caribe –región entre imperios–, dice traducir. La lectura, entendida como práctica de la producción intelectual, ha estado siempre en naciones coloniales y postcoloniales como las nuestras entrecruzada con la traducción. Traducción literal o filológica, pero también cultural e ideológica. Los historiadores de la traducción en el espacio iberoamericano cada vez conceden más importancia a este segundo tipo de traducción, como una actividad que corre paralela y mezclada con la circulación de ideas en el Atlántico (Ordóñez López & Sabio Pinilla 2015: 243-280).

En todas las naciones latinoamericanas, el campo intelectual, en diversos momentos de su historia, ha vivido la tensión entre corrientes cosmopolitas y nacionalistas, más abiertas al mundo o más volcadas hacia lo propio. Pero la traducción de ideas ha conformado el campo referencial de unas y otras, por igual. La transferencia y recreación de imágenes y conceptos atraviesa el proceso de producción cultural a todos los niveles: desde la música popular hasta el arte abstracto, la filosofía analítica o la literatura de vanguardia. Los proyectos ideológicos más nativistas en América Latina se han nutrido de representaciones de la identidad que no pueden eludir conexiones con el pensamiento europeo, africano o asiático.

Dos pensadores radicales de la descolonización, Frantz Fanon y Edward Said, dan cuenta de lo anterior. Lo que Fanon reprochaba en *Los condenados de la tierra* (1961) a los intelectuales de las colonias europeas en África no es que conocieran a Rabelais, Diderot, Shakespeare y Poe, sino que no tradujeran ese saber en defensa de sus culturas nacionales (2014: 199-200). Algo que reitera Said, quien en *Cultura e imperialismo* (1993), luego de citar a Fanon, recuerda que no existe un Calibán sino dos: el universalista y el fundamentalista. El modelo de Said, un estadounidense cristiano de origen palestino-libanés, era, claramente, el primero: «es mejor la opción en que Calibán ve su propia historia como aspecto parcial de la historia de *todos* los hombres y las mujeres sometidos del mundo, y comprende la verdad compleja de su propia situación social e histórica» (Said 2012: 333).

Más que una traición, la traducción implica una recreación o, lo que es lo mismo, una creación, una invención. Con respecto a la práctica de traducir podría afirmarse lo mismo que Harold Bloom sostenía a propósito de la lectura creativa. Cada autor, cada revista, cada editorial, cada grupo intelectual, e incluso cada Estado, traduce ideas para crear las redes imaginarias de una esfera pública. George Borrow, el viajero inglés del siglo XIX, autor de *La Biblia en España* (1843), decía que una traducción era un «eco». Lo decía irónicamente, en el mismo sentido de Jorge Luis Borges cuando afirmaba que había originales «infieles» a sus traducciones. Pero de eso se trata la vida intelectual, de convertir los ecos en nuevas voces.

Los diez ensayos que conforman este libro versan sobre la lectura y la traducción como recursos del diseño y la proyección de poéticas intelectuales en el espacio público. Leo algunos poemas conocidos de Gertrudis Gómez de Avellaneda para tratar de reconstruir su mayor o menor familiaridad con las ideas del primer republicanismo hispanoamericano, que asociamos con Simón Bolívar y José María Heredia, Félix Varela y Fray Servando Teresa de Mier. Y leo también a José Martí en busca de dos de sus conexiones fundamentales: el liberalismo latinoamericano y la historiografía norteamericana. Buena parte de las brillantes crónicas que Martí escribió sobre Estados Unidos se basaron en un conocimiento exhaustivo de los historiadores de ese país. El poeta y político cubano fue, también, un traductor de esa tradición intelectual.

El ensayo sobre Juan Marinello intenta repensar la rica confluencia de dos rutas de la izquierda latinoamericana del siglo XX, que no siempre dialogaron con fluidez: el hispanismo y el marxismo. Propongo entender el repertorio intelectual y la prosa ensayística del importante comunista cubano a partir de esa tensión. La primera parte del texto sobre la traducción de la poesía norteamericana, en las grandes revistas literarias cubanas del siglo XX, se suporpone con el ensayo sobre Marinello, ya que trata de la *Revista de Avance*. Pero mi propósito es avanzar en el tiempo y recapitular la estrategia de traducción de *Orígenes*, *Ciclón* y *Lunes de Revolución*. El objetivo de este ejercicio es, naturalmente, reflexionar sobre el viaje de la «poesía del imperio» al nacionalismo intelectual cubano de la República.

Otro capítulo de este libro está dedicado a Jorge Mañach. En los últimos años, el creciente interés por la obra de este importante intelectual republicano se ha concentrado, fundamentalmente, en sus ensayos más conocidos de los años veinte, *La crisis de la alta cultura* y *La indagación del choteo*, en su biografía de Martí o en su permanente intervención pública en los debates de la nación. Ese sesgo, a mi juicio, hereda acríticamente una subestimación del trabajo filosófico de Mañach, que comenzó a ser ventilada, desde los años cuarenta y cincuenta, por los propios filósofos profesionales de la isla. Propongo rescatar algunas de las mayores contribuciones de Mañach al pensamiento filosófico en Cuba para resituarlo en la zona universitaria o académica del campo intelectual, a la que nunca dejó de pertenecer.

El ensayo «Castillos de Lezama» es un ejercicio de constatación del peso de la formación jurídica del poeta en la facultad de derecho de la Universidad de La Habana. El universo de las influencias, en un autor tan expansivo y analógico como Lezama, era desbordante. Pero carecemos de un mapa del campo referencial lezamiano, equivalente al que emprendió Roberto González Echevarría en su gran estudio sobre Alejo Carpentier (1993: 131-155). Dentro y fuera de la isla se producen asedios a la biblioteca de Lezama, que privilegian sus lecturas líricas y narrativas. Mi contribución se mueve más hacia el ángulo de la filosofía, la historia y el derecho, tres fuentes ineludibles del proyecto literario de Lezama.

Gastón Baquero, como su amigo Lezama, fue un poeta erudito, que armó una refinada plataforma de lecturas a lo largo de su vida, en la isla y en el exilio. La historia sagrada, Grecia y Roma, la tradición literaria y política de América Latina, el modernismo, las generaciones del 98 y el 27, las vanguardias, Andrés Bello y César Vallejo, la poesía norteamericana de T. S. Eliot y Ezra Pound… conformaron un archivo heterogéneo que Baquero expuso en sus ensayos, pero también en su escritura poética. En continuación de las ideas expuestas en el capítulo dedicado en *Motivos de Anteo* (2008) a las poéticas de la historia del grupo *Orígenes*, este ensayo intenta reconstruir la fórmula lírica que siguió Baquero para asegurar la inscripción de ese archivo en el texto.

Al estudio sobre Baquero sigue un excurso sobre la recepción del psicoanálisis en Cuba, que, sin ánimo de agotar un tema vastísimo y en proceso de dilucidación, apunta algunas ideas sobre la asunción y el rechazo de las ideas de Sigmund Freud en la isla. La resistencia al psicoanálisis en Cuba fue más poderosa que en otros países hispanoamericanos, ya que la adopción de una ideología de Estado «marxista-leninista» después de la Revolución de 1959 vino a agregar, a los prejuicios católicos y los referentes funcionalistas del periodo republicano, todo el registro dogmático de la psiquiatría soviética, que enmarcaba las tesis de Freud dentro de la «decadente ideología burguesa contemporánea».

El último capítulo del libro está dedicado a *La isla que se repite* (1989), el gran ensayo de Antonio Benítez Rojo. Se trata de un texto interrelacionado con sus dos novelas, *El mar de las lentejas* y *Mujer en traje de batalla*, y que ocupa un lugar irremplazable en la construcción de su poética. Propongo una arqueología de los muchos archivos y resonancias que movilizó *La isla que se repite*, pero especialmente de dos: el archivo caribeñista y el archivo postmoderno. En el cruce de ambos, Benítez Rojo encontró una «cierta manera» de interrogar al nacionalismo literario cubano en el momento de la caída del Muro de Berlín y el colapso del socialismo real en Europa del Este.

Estos diez ensayos no forman parte de ninguno de mis libros, pero fueron escritos como apostillas a dos de ellos: *Motivos de Anteo. Patria y nación en la historia intelectual de Cuba* (2008) y *Las repúblicas de aire. Utopía y desencanto en la Revolución de Hispanoamérica* (2009). El lector lo advertirá no sólo por las inevitables notas al pie, sino por una argumentación que continúa o matiza las líneas maestras de aquellos volúmenes. Siete de los textos ya se publicaron en las revistas *La Habana Elegante, Arbor, Políticas de la Memoria, La Noria* e *Hypermedia Magazine,* y en las antologías *José Lezama Lima: la palabra extensiva* (2011) de Gema Areta Marigó y *Banquete de imágenes. En el centenario de Lezama* (2015), de Luzelena Gutiérrez y Sergio Ugalde. Los otros tres, dedicados a Jorge Mañach, Gastón Baquero y Antonio Benítez Rojo, son inéditos.

Valga, por último, el dato de que este libro fue compilado a solicitud de Jorge Luis Rodríguez Reyes, director de la editorial Capiro, de Santa Clara, Cuba, quien propuso la impresión del manuscrito en la isla a mediados del 2017. El Instituto Cubano del Libro, sin embargo, al que pertenece dicha editorial, rechazó la publicación y excluyó el volumen de su plan editorial.

La Condesa, Ciudad de México y mayo de 2017

I.

La Avellaneda y el republicanismo

En el libro *Las repúblicas de aire. Utopía y desencanto en la Revolución de Hispanoamérica* (2009), intentamos retratar algunas de las principales figuras del primer republicanismo hispanoamericano, entre 1810 y 1830. Escritores, pensadores o estadistas de aquellas décadas, involucrados en las guerras de independencia y la construcción de los primeros estados nacionales en la América hispana, como Fray Servando Teresa de Mier y Lorenzo de Zavala, Manuel Lorenzo de Vidaurre y Vicente Rocafuerte, Simón Bolívar y Andrés Bello, fueron algunos de los perfiles propuestos. Sin haber experimentado Cuba, por entonces, una guerra de independencia ni un proceso de construcción de estado nacional parecido al de los países de Suramérica, poetas y letrados como José María Heredia y Félix Varela, por haber compartido el imaginario o la estética del republicanismo, merecían semblanzas.

Si el enfoque propuesto en ese libro se extendiese a toda la producción intelectual de la isla de mediados del siglo XIX, difícilmente podría eludirse a la poeta Gertrudis Gómez de Avellaneda (1814-1873). Digo «la poeta» porque, si bien Avellaneda comienza a publicar sus obras narrativas a la par de sus poemas –su primer cuaderno aparece, en Madrid en 1841, el mismo año y la misma ciudad en que se publica su novela *Sab*–, es sabido que fue la poesía la primera forma de escritura que practicó, en la década anterior, bajo la influencia de maestros románticos de la lírica francesa, como Víctor Hugo y Lamartine, e hispanoamericana, como Andrés Bello, José María Heredia y José Joaquín Olmedo.

En las páginas que siguen intentaremos explorar la poética y la política del primer republicanismo en algunas de las composiciones de las *Poesías de la señorita Dª Gertrudis Gómez de Avellaneda* (1841), que apareció en Madrid prologado por Juan Nicasio Gallego Fernández (1777-1853), un sacerdote liberal, graduado de la Universidad de Salamanca, que fuera diputado constituyente en las Cortes de Cádiz por Zamora y resuelto impulsor de la libertad de imprenta. Sobreviviente de la persecución contra el liberalismo en los años de la restauración fernandina, Gallego Fernández se convirtió en un referente del tránsito literario del neoclasicismo al romanticismo en España, luego de la muerte de Fernando VII. Su ubicación de Avellaneda dentro del romanticismo hispánico fue tanto una vía de naturalización de la obra de la cubana, en el Madrid de mediados del XIX, como una forma de ocultamiento de los aspectos republicanos y americanos de aquella poética criolla.

Críticos como Gallego Fernández o Nicomedes Pastor Díaz se involucraron fuertemente en la autorización de la camagüeyana dentro del campo literario peninsular a mediados del siglo XIX. Para ellos, y para la propia Avellaneda, la poeta criolla debía ocupar un lugar junto a las principales figuras del romanticismo español (Espronceda, Zorrilla, Quintana), y no faltó quien intentara agenciarle un asiento en la Academia Real de la Lengua (Gómez de Avellaneda 1869, I: XXI)[1]. Tal vez no fuera el patriotismo cubano, como generalmente se piensa, que La Avellaneda expresó dentro de los cánones de un reformismo criollo bien visto en Madrid, sino el republicanismo americano el elemento de mayor afirmación de una autonomía de la poeta dentro de aquel campo intelectual.

---

[1] Para una valoración general de la vida y obra de La Avellaneda véase Arrufat 2008.

El cisne peregrino

En su prólogo a las *Poesías* de Avellaneda, Gallego Fernández arrancaba presentando un panorama de efervescencia en la literatura peninsular hacia 1840. Una efervescencia que contrariaba el lugar común de que la literatura requería «reposo y tranquilidad de espíritu» para su expresión (Gómez de Avellaneda 1841: i-ii). La creatividad, según el crítico, se constataba en todas las «capitales de provincia» de un imperio demediado por las independencias hispanoamericanas. De ahí que no hubiera contradicción en entender a Avellaneda como integrante del Parnaso español, descendiente de Luisa Sigea de Velasco, Santa Teresa de Jesús, Sor Juana Inés de la Cruz o Rosa Gálvez, toda vez que La Habana en 1840, al igual que la Ciudad de México en el siglo XVII, era una capital más de ese imperio (1841: iii-iv).

Aun así, en varios momentos del prólogo Gallego Fernández destacaba el lugar de nacimiento de la poeta como una condición tropical que marcaba su lírica, en un sentido similar a como lo había hecho Bello en relación con Heredia. Especialmente, en el pasaje final, dedicado a comentar el poema «A la muerte del célebre poeta cubano D. José María Heredia», el prologuista reconocía a la poeta como «hija de la Perla de las Antillas», aunque entendiendo su literatura como herencia y superación de la herediana. Herencia y superación que, según Gallego Fernández, habían sido logradas gracias a la moderación clasicista del romanticismo que la poesía «varonil» de Avellaneda había operado. A juicio del zamorano, «Muerte de Heredia» era:

> Una de las composiciones más perfectas del cuaderno, y en la cual resplandecen rasgos sublimes de sentimiento, de conformidad filosófica y de amor a la poesía, expresados en hermosísimos versos, desnudos de bambolla y afectadas exageraciones. Sin duda los cantos del *Cisne del Niágara* avivaron en su alma juvenil la chispa eléctrica de un talento que puede consolar a Cuba de la pérdida de su vate malogrado, pues no

redunda escasa gloria a la Perla de las Antillas, de contar entre sus hijos a la señorita de Avellaneda, a quien nadie, sin hacerle agravio, puede negar la primacía sobre cuantas personas de su sexo, ha pulsado la lira castellana así en este como en los pasados siglos. (1841: xiii).

Gómez de Avellaneda, según Gallego Fernández, era una heredera que permitía la superación del duelo por la muerte de Heredia. La poesía moderna seguía viva entre los hijos de Cuba y quien llevaba la lírica de la isla por los caminos de la modernidad –sin «bambolla, afectación o exageración»– era una mujer. El crítico peninsular no dudaba en coronar a la poeta camagüeyana, luego de la muerte de Heredia, pero lo hacía circunscribiendo el lauro al género femenino. Avellaneda era reina en un parnaso de mujeres que, paradójicamente, producía una poética normalizadora o correctora de las extravagancias del romanticismo. Heredia quedaba atrás y con él, la poesía romántica del momento republicano.

El poema «Muerte del célebre poeta cubano D. José María Heredia» facilitaba esa interpretación de Gallego Fernández por medio de un apego a la forma neoclásica y, a la vez, un énfasis en la vida trunca de Heredia. Los versos de Avellaneda fijaban el duelo por la muerte temprana del poeta como destino trágico de una idea romántica de la patria: «Del aquilón sañoso roble erguido / Así en la fuerza de su edad lozana / Fue por el fallo del destino herido / Astro eclipsado en su primer mañana» (Gómez de Avellaneda 1841: 119). La lectura de Gallego Fernández tenía a su favor, además, la propia insinuación de un legado en disputa, que forzaba las leyes de la herencia en la poesía patriótica. La patria, Cuba, había perdido a su cantor y alguien debía reemplazar esa función, desde otros acordes y otra voz lírica:

>Patria! numen feliz! Nombre divino!
>¡Ídolo puro de las nobles almas!
>¡Objeto dulce de su eterno anhelo!
>Ya enmudeció tu cisne peregrino…

¿Quién cantará tus brisas y tus palmas
Tu sol de fuego, tu brillante cielo?
Ostenta, si, tu duelo,
Que en ti rodó su venturosa cuna,
Por ti clamaba en el destierro impío
Y hoy condena la pérfida fortuna
A suelo extraño su cadáver frío… (1841: 119-120)

Llama la atención que Avellaneda utilizara la expresión «cisne peregrino» para referirse a Heredia, adjetivo que luego se aplicaría a ella misma. Deliberadamente, Gallego Fernández torció la frase, aludiendo a un «canto de cisne» herediano. Lo engañoso o lo falso en ese canto –el republicanismo romántico– debía ser enmendado por su heredera, la señorita Gertrudis. Es evidente que la lectura de Gallego Fernández formaba parte de una negociación de la voz de la poeta camagüeyana y de la autorización crítica de esa voz en el campo literario peninsular. Una negociación de la que formó parte la propia poeta, sin dejar de afirmar su autonomía de diversas maneras, como veremos.

La negociación de Avellaneda, en busca de un lugar en el relato de la crítica peninsular sobre el tránsito del neoclasicismo al romanticismo, administrado por Gallego Fernández, se hace plausible en el poema que dedica al propio crítico dentro del cuaderno *Poesías* (1841). La composición se titula «El Genio» y expone a la perfección la genealogía intelectual del clasicismo latino, entre Homero, Sófocles, Petrarca y Dante, por un lado, y su actualización atlántica con Milton, Shakespeare, Racine y Calderón, por el otro. El relato del linaje clásico conecta los «prodigios» de la antigua Grecia con la «fecundidad, que aún cautiva» del Siglo de Oro (Gómez de Avellaneda 1841: 182 y 184). El «genio» de Juan Nicasio Gallego –quien, por cierto, tuvo un conocido desencuentro con Domingo del Monte, figura clave del reformismo criollo cubano, cuando éste publicó unas poesías del peninsular sin su autorización, en Filadelfia– aparece descrito, en las antípodas del romanticismo, como capacidad de juicio y discernimiento, sabiduría y erudición:

> Pontífice inmortal su mano enciende
> De la verdad la antorcha peregrina
> Él del olvido a la virtud defiende
> Al mundo ilustra y al poder domina;
> Si a lo pasado su mirada tiende
> La noche de los tiempos ilumina,
> Y de su siglo un noble monumento
> Llega a otra edad su activo pensamiento. (1841: 184)

La afirmación de sí, sin embargo, es también propia de esa negociación de la autonomía, que implica la conquista de un lugar en el campo literario peninsular. Algunos poemas de Avellaneda, sin abrirse tan plenamente a la poética romántica, hacían guiños evidentes al romanticismo, sobre todo francés, por medio de traducciones, imitaciones o versiones de Víctor Hugo y Lamartine. La traducción al castellano del poema «Napoleón» de Lamartine convergía en la ambivalencia con que muchos románticos y realistas franceses de mediados del siglo XIX se enfrentaron a la figura de Bonaparte, preservando su heroísmo y, a la vez, cuestionando su ambición. En otro poema, titulado «A Francia», Avellaneda iba más allá de Lamartine al oponerse al traslado de los restos de Napoleón desde Santa Helena hasta París, donde serían sepultados monumentalmente por órdenes de Luis Felipe de Orleans:

> Déjale allí! ni cantos ni plegaria
> Suenan por él en el peñasco rudo
> En torno de su tumba solitaria
> Más elocuente en su silencio mudo.
> Déjale allí! sin comitiva, aislado,
> Duerma en su roca estéril y sombría
> El Rey sin dinastía,

No en panteón estrecho sepultado
Oiga, oh París, tu bacanal ruido
Entre regios sepulcros confundido. (1841: 111)

El Napoleón de Avellaneda es menos ambivalente que el de Lamartine, acaso por el apego de la poeta camagüeyana al patriotismo peninsular, que representaba al emperador francés como tirano. En el soneto «Al Monumento del 2 de mayo», la escritora suscribía aquel patriotismo cuando hablaba de la lucha de los madrileños contra los franceses: «La página más bella de su historia / Grabó en tu frente la nación Ibera / y en ti verá la gente venidera / Su más hermosa espléndida victoria» (1841: 133). La referencia a la guerra de independencia de España era otro guiño al liberalismo gaditano que, luego de 1836, se afirmaba en la esfera pública peninsular. No había, en Avellaneda, claras alusiones al otro lado de aquella guerra, la epopeya separatista hispanoamericana, con lo cual la identificación de la poeta criolla con el liberalismo de Cádiz y Madrid satisfacía las expectativas de sus pares peninsulares.

Para Gallego Fernández, poemas como el dedicado al monumento del 2 de mayo, en el que resonaban motivos de su propia «Elegía», eran una buena prueba de la inscripción de la cubana en el imaginario del liberalismo peninsular. Un liberalismo vindicado en la rebelión de La Granja de 1836 y en la Constitución del año siguiente, que se abría al diálogo con el romanticismo francés, de la época de la Monarquía de Julio francesa, aunque sin refrendar sus voces republicanas más radicales. La recepción política que Gallego Fernández hacía de la lírica de Avellaneda buscaba, sin embargo, nublar o mediar cualquier aproximación al republicanismo. Las versiones de Víctor Hugo y Lamartine eran vistas por el crítico como ejercicios del estilo romántico, que preservaban la letra y el espíritu neoclásico. Poemas como el soneto a George Washington, que denotaban, tal vez, la aproximación más clara al horizonte republicano, no eran comentados por Gallego Fernández.

¿Napoleón o Washington?

En un prólogo tan exhaustivo, es sintomático el silencio de Gallego Fernández sobre el soneto a Washington. Con ese poema, Gertrudis Gómez de Avellaneda regresaba a una de las constantes líricas del primer republicanismo hispanoamericano: la contraposición entre Napoleón y Washington. Y regresaba con una adscripción del glosario republicano –virtud, suelo, sangre, memoria, tiranía, libertad…– que no temía exponer un americanismo ajeno al liberalismo peninsular del propio Gallego Fernández o de Manuel José Quintana, a quien Avellaneda rindió homenaje en un cuaderno posterior (1869, I: 304-305). El soneto a Washington era la forma que encontraba la poeta criolla de afirmar su americanidad republicana, su autonomía política dentro de un espacio literario hegemonizado por el liberalismo peninsular:

> No en lo pasado a tu virtud modelo
> Ni copia al porvenir dará la historia
> Ni el laurel inmortal de tu victoria
> Marchitarán los siglos en su vuelo. (1841: 159)

Hay una rotundidad en el soneto que contrasta con la moderación retórica que el propio Gallego Fernández atribuía a la poeta cubana. Frente a una historia política tan accidentada, en el mundo hispánico de la primera mitad del siglo xix el canto de Avellaneda a Washington figuraba como un manifiesto lírico. El tópico de la antítesis Washington-Napoleón aparecía en el soneto de manera hiperbólica, reiterando el argumento de Heredia y otros románticos hispanoamericanos de que el primer presidente de Estados Unidos, a pesar de haber sido jefe de un ejército y líder de una guerra de independencia, había coronado cívicamente su biografía, declinando la reelección y retirándose a la vida privada luego de su segundo mandato presidencial:

> Si con rasgos de sangre guarda el suelo
> Del coloso del Sena la memoria
> Cual astro puro brillará tu gloria
> Nunca empañada por oscuro velo. (1841: 159).

Como Heredia, pero también como Olmedo, Avellaneda leía una americanidad en Washington que no era únicamente anglosajona o de la América del Norte. La idea de una patria fundada en la virtud cívica, en instituciones y leyes, no respondía, en el discurso de la poeta, a coordenadas geográficas, étnicas o culturales. Es interesante observar que cuando Avellaneda habla del clima se refiere a una atmósfera moral, en Estados Unidos, «formada» por la figura emblemática de Cincinato, el patricio romano que con su retiro a la granja privada personificaba los atributos de la humildad, el desprendimiento y el ascetismo. El orden de la virtud, propio de la tradición estoica y republicana heredada de Roma, no era exclusivo de Estados Unidos, aunque fuera esa América la que más claramente lo encarnaba a mediados del siglo XIX:

> Mientras la fama de las virtudes cuente
> Del héroe ilustre que cadenas lima
> Y la cerviz de los tiranos doma
> Alza gozosa, América, tu frente,
> Que el Cincinato que formó tu clima
> Lo admira el mundo, y te lo envidia Roma. (1841: 159)

Este soneto, escrito originalmente en 1841, fue reescrito por Avellaneda más de veinte años después, tras su primer viaje a Estados Unidos, en tránsito de Cuba a España, en el verano de 1864. Biógrafos y críticos atribuyen la reescritura al contacto directo con Estados Unidos de la autora[2], quien, además de las cataratas del Niágara,

---

[2] Sobre los viajes de Avellaneda véase Campuzano 1997 y Ferrús Antón 2011.

habría visitado entonces la tumba de Washington en Mount Vernon (1869, I: xli). La nueva versión preservaba los dos primeros versos de la estrofa inicial, pero alteraba sustancialmente el resto del soneto. Vale la pena detenerse en esta segunda versión, con el fin de dilucidar los motivos de la reescritura de un poema ineludible en una exploración de las ideas políticas de la poeta camagüeyana:

> No en lo pasado a tu virtud modelo
> Ni copia al porvenir dará la historia
> Ni otra igual en grandeza a tu memoria
> Difundirán los siglos en su vuelo
> Miró la Europa ensangrentar su suelo
> Al genio de la guerra y la victoria
> Pero le cupo a América la gloria
> De que el genio del bien le diera cielo
> Que audaz conquistador goce en su ciencia;
> Mientras al mundo en páramo convierte
> Y se envanezca cuando a siervos mande;
> ¡Mas los pueblos sabrán en su conciencia
> Que el que los rige libres sólo es fuerte
> Que el que los hace grandes sólo es grande! (1869: 77)[3]

El primer desplazamiento que leemos aquí es el que elimina la alusión directa a Napoleón y a Francia y atribuye los conflictos de la primera mitad del siglo XIX a un «genio de la guerra y la victoria», que «ensangrienta» el «suelo» europeo. Puede ser Bonaparte ese «genio de la guerra y la victoria», pero su identidad no queda tan precisamente fijada como en la fórmula anterior del «coloso del Sena». La contra-

---

[3] Concuerdo, en lo general, con la interpretación de esta «metamorfosis» que han hecho Beth Miller, Alan Deyermond y María C. Albin, aunque no creo que el cambio a favor del americanismo haya sido tan radical, toda vez que la primera versión del soneto también era americanista y republicana (Miller & Deyermond 1979; Miller 1983: 205-206; Albin 2002: 40).

posición entre un «genio del bien» y un «genio de la guerra» adquiriría, en la nueva versión del soneto, una significación más imprecisa, que podía transferir significados a otros líderes europeos. ¿Pensaba Avellaneda, en 1864, en Napoleón III como «genio de la guerra»? ¿Era este líder del Segundo Imperio francés, que por entonces ocupaba México e imponía, allí, el trono de Maximiliano de Habsburgo y se aliaba con los Confederados del Sur de Estados Unidos, ese «audaz conquistador», que «goza en su ciencia», mientras «convierte al mundo en páramo» y se «envanece cuando a siervos manda»?

Si es ese el sentido implícito de la reescritura del soneto, Avellaneda se habría acercado, entonces, a la segunda generación republicana hispanoamericana, la de 1848, que se enfrentó al trono de Maximiliano en México, a la política expansionista de Napoleón III en América Latina y se alió con Abraham Lincoln y los abolicionistas del Norte de Estados Unidos. Una generación en la que destacan mexicanos como Benito Juárez y Melchor Ocampo, chilenos como Benjamín Vicuña Mackenna y Francisco Bilbao y cubanos como Pedro Santacilia y Domingo Goicuría. Tradicionalmente, la crítica y la historiografía han ubicado a Avellaneda a cierta distancia de esa generación, aunque han reconocido algunas aproximaciones de la autora de *Sab* al discurso del reformismo criollo, partidario del fin de la trata y no tanto de la esclavitud[4]. El soneto a Washington permitiría una reinterpretación de esos nexos, toda vez que los «siervos» a los que parece referirse la poeta podrían incluir a los mexicanos sojuzgados por el Segundo Imperio lo mismo que a los esclavos del Sur de Estados Unidos.

La posible conexión de Avellaneda con aquella segunda generación de republicanos americanos podría explorarse a través de otros pasajes de la lírica de madurez de la camagüeyana, como los versos finales de «A vista del Niágara», el poema que escribiera luego de la

---

[4] Sobre el abolicionismo en *Sab* véase Gomariz 2009.

visita a las cataratas en 1864. En aquella composición, luego de otro homenaje a Heredia, la poeta rearticulaba la idea de un «clima» o «ambiente» republicano en Estados Unidos, basado en virtudes e instituciones cívicas, que encontraba analogías en prodigios naturales como el Niágara. Este poema, como la nueva versión del soneto a Washington, escrito en 1864, buscaba una interlocución con la refundación republicana de Estados Unidos durante la guerra civil entre el Norte y el Sur:

> Tu ambiente aspira, ¡oh pueblo americano!
> Que si tienes –cantando tu grandeza–
> Prodigios como el Niágara en el suelo,
> Cimentarte supiste instituciones
> Que el genio liberal como modelo
> Presenta con orgullo a las naciones! (1869, I: 375)

Como Heredia o Varela –y como Santacilia, Goicuría y casi todos los anexionistas y separatistas cubanos de la primera mitad del siglo XIX–, Avellaneda admiraba el orden político establecido en Estados Unidos. Pensaba, incluso, que dicho orden servía de modelo a otras naciones, especialmente a las hispanoamericanas del Sur, por ser, precisamente, una república y no una monarquía como las que predominaban en la Europa atlántica. La aplicación de la fórmula «genio liberal» a ese sistema republicano era una manera de transferir, a América, el significado del concepto de liberalismo, fuertemente anclado en la península al referente gaditano.

El republicanismo y el americanismo de Avellaneda, más allá de su patriotismo lírico, eran, por tanto, dimensiones intelectuales de una autonomía negociada dentro del campo literario peninsular. Esa negociación tenía a su favor el acendrado catolicismo de la escritora y una lectura de la historia de España favorable al liberalismo gaditano. La extensa biografía en romance de Alfonso el Sabio, que Avellaneda escribiera para un compendio poético de la «historia de los varones célebres de España», es indicio claro de su intervención en un relato liberal del pasado, que rescataba las tradiciones pactistas y contractuales de los reinos castellanos (1869, I: 284-294). La obra legislativa y lingüística de Alfonso el Sabio, sintetizada en las *Siete Partidas*, era presentada por Avellaneda como antecedente de la España liberal posterior a Fernando VII.

Desde el punto de vista de la historia de las ideas políticas, la poeta cubana Gertrudis Gómez de Avellaneda podría ser colocada en una zona de diálogo entre el liberalismo gaditano y el republicanismo americano, a mediados del siglo XIX. Esas dos corrientes de pensamiento político, que habían tenido una relación de complementariedad en la América hispana entre 1810 y 1830, hacia 1848 se habían vuelto contradictorias en más de un sentido. La persistencia del régimen colonial y esclavista del imperio español en el Caribe fue uno de los puntos de desencuentro de ambas maneras de pensar la sociedad y el Estado. La escritora camagüeyana intentó ubicarse en un lugar equidistante y, a la vez, depositario de esas tendencias atlánticas, para desde allí afirmar la singularidad de su poética y su política.

II.

José Martí y el liberalismo latinoamericano

El poeta y político cubano José Martí desarrolló la parte fundamental de su obra literaria en un lapso aproximado de veinte años: entre 1875, cuando llega a México luego de sus estudios en España, y 1895, cuando muere en combate en el Oriente de Cuba, después de década y media de exilio en Nueva York. En esos veinte años, uno de los grandes temas de la producción intelectual de Martí fue América Latina. Un tema colindante y, a veces, superpuesto a los otros dos que atrajeron la mayor dimensión de su obra: Cuba y Estados Unidos.

A pesar del visible trasfondo histórico de su textos, Martí dedicó la mayor parte de su vida al periodismo y la política, dos actividades que lo ataron siempre a su presente. Como hombre de su tiempo, Martí debió dialogar con las repúblicas latinoamericanas de las tres últimas décadas del siglo XIX. Repúblicas que por entonces vivían una consolidación del liberalismo como paradigma constitucional e ideológico, tras las guerras civiles de mediados de la centuria, en las que, en la mayoría de los casos, fue derrotado el conservadurismo.

La relación de Martí con el liberalismo ha sido tratada desde múltiples perspectivas en el último siglo[1]. Los historiadores, biógrafos y críticos liberales, dentro y fuera de Cuba, dieron por descontada

---

[1] Para una historia de la recepción de José Martí véase Ette 1995. El más claro replanteamiento reciente de la relación de Martí con el liberalismo latinoamericano se encuentra en Camacho 2013. El estudioso Francisco Morán también comparte ese replanteamiento en su libro *Martí, la justicia infinita. Notas sobre ética y otredad en la escritura martiana (1875-1894)* (2014), aunque en relación,

la afiliación de Martí al liberalismo. Jorge Mañach, Andrés Iduarte, Félix Lizaso, Luis Rodríguez Embil, Roberto Agramonte, Humberto Piñera Llera y Carlos Ripoll, entre otros, destacaron el acuerdo básico de Martí con filosofía de los derechos naturales del hombre y su apuesta por un régimen de libertades públicas, similar al que predominaba en la mayoría de los países europeos y americanos de su época.

Los intérpretes marxistas de la obra de Martí, por su parte, admitieron en la mayoría de los casos ciertos límites liberales en su pensamiento, pero buscaron acercar las ideas martianas sobre la sociedad y el Estado a la tradición socialista y, en casos extremos, al marxismo-leninismo de corte soviético. Julio Antonio Mella, Juan Marinello, Antonio Martínez Bello, José Antonio Portuondo, Carlos Rafael Rodríguez, Mirta Aguirre y Sergio Aguirre, entre otros, ilustran el forcejeo epistémico que debían operar las lecturas marxistas de Martí, toda vez que la asimilación del patriota cubano al marxismo forzaba nociones ajenas al materialismo dialéctico o histórico, la lucha de clases o la teoría económica del capitalismo. El texto que personifica esa tensión es «Martí y Lenin» (1935) de Juan Marinello, analizado recientemente por Francisco Morán[2].

Luego del triunfo de enero de 1959, surgió en la isla y el mundo una nueva izquierda intelectual y política que redefinió las categorías de «revolución» y «socialismo» en América Latina. Para muchos estudiosos latinoamericanos de Martí, marcados por la experiencia cubana, lo revolucionario o lo socialista no estaba determinado por la mayor o menor cercanía con el marxismo-leninismo sino por la suscripción radical de valores ligados a la descolonización, el nacionalismo, la independencia y la justicia social. Las aproximaciones a

---

más específicamente, con la deuda martiana con el positivismo y el evolucionismo decimonónicos.

[2] Morán 2014: 84-85, 96-97 y 100-105.

Martí de autores como Ezequiel Martínez Estrada, Roberto Fernández Retamar, Jorge Ibarra, Ramón de Armas, Pero Pablo Rodríguez, Salvador Morales, Juan Bosch o Gerard Pierre Charles gravitaban hacia esa reconceptualización de la izquierda, por la cual el marxismo no es tanto una doctrina a asimilar como una actitud de oposición al imperialismo.

Aun cuando la incorporación de Martí a la genealogía intelectual de aquella nueva izquierda era cómoda, la inscripción de la isla en la órbita soviética y el rol hegemónico de Moscú en la producción de las ciencias sociales cubanas, sobre todo en los setenta y los ochenta, volvió problemáticas las relaciones del pensamiento martiano y el marxismo-leninismo. No bastaba admitir, como Sergio Guerra, que en textos como *Nuestra América* Martí hizo críticas a las «doctrinas liberales» (véase Guerra 1997). Era preciso dilucidar qué asumía y qué rechazaba Martí del liberalismo latinoamericano de su tiempo.

Mientras algunos estudiosos, como Paul Estrade, encontraban tensiones con el liberalismo en la curiosidad de Martí por la ideología socialista o anarquista (2000: 346-380), otros, como Isabel Monal, ubicaban una brusca transición en el pensamiento de Martí en torno a 1887. Monal sostenía que durante la escritura de las crónicas sobre el proceso a los anarquistas de Chicago, Martí había dejado de ser un liberal, marcado por «el 89 francés y el pensamiento inglés del siglo XIX», y se había convertido en un «demócrata antimperialista», con «un cierto tono populista» (1994: 179).

Por mecánica que pueda parecernos esta atribución de un «corte epistemológico» althusseriano a la ideología de Martí, habría que admitir que la fórmula de Monal no es de las más desproporcionadas. En el último medio siglo, a diferencia de la primera mitad de la pasada centuria, han predominado, en la isla, las visiones que colocan a Martí lo más lejos posible de la plataforma liberal, o incluso en su contra o en las proximidades del socialismo. En los últimos años, varios estudiosos comienzan a llamar la atención sobre la necesidad de una crítica de ese relato hegemónico en torno a un Martí antiliberal y, específicamente, refractario a las variantes latinoamericanas de esa doctrina política.

¿Qué liberalismo latinoamericano?

Antes que establecer la relación de José Martí con el liberalismo latinoamericano deberíamos precisar qué entendemos por eso: liberalismo latinoamericano. En vida de José Martí, esa corriente de pensamiento, además de predominante en el mundo occidental, experimentaba una transformación impelida por el ascenso del discurso positivista y eugenésico, que desplazó la noción del sujeto moderno del individuo a la raza, la civilización, la nación y otros arquetipos de la comunidad. Martí, como otros letrados de su misma generación en América Latina (el uruguayo José Enrique Rodó, el argentino Paul Groussac o el mexicano Justo Sierra), debió posicionarse no sólo ante la hegemonía liberal sino ante aquella mutación del liberalismo positivista, estudiada por Leopoldo Zea (1968: 282-284) y Charles Hale (1991: 15-50).

La América Latina de las tres últimas décadas del siglo XIX era, como decíamos, mayoritariamente liberal. En casi todos sus países se habían producido guerras civiles entre liberales y conservadores, en las que, a excepción del Ecuador de Gabriel García Moreno o la Colombia de Miguel Antonio Caro, habían vencido los liberales, controlando el poder por casi medio siglo. La rearticulación del conservadurismo católico –a pesar del respaldo que brindó al mismo el largo Pontificado de Pío IX, con su encíclica *Quanta Cura* y su *Syllabus Errorum*–, antiliberal, antisocialista y antimasón, fue lenta y accidentada.

El Martí decididamente anticlerical, que cuestionó la política reevangelizadora de Roma en América Latina, que rechazó, en reseña de un libro de su amigo, al anexionista Néstor Ponce de León, el intento de Roselly de Lorgues de canonizar a Cristóbal Colón como «embajador de Dios y el Papa» en América y que se opuso, en 1887 –el mismo año de sus últimas crónicas sobre los anarquistas de Chicago– a la excomunión del padre Edward McGlynn por León XIII, debido a la defensa que hiciera el sacerdote irlandés de la educación pública en Nueva York, del diálogo con el protestantismo, de la abolición de la esclavitud y de las ideas igualitarias de Henry George, está, sin duda, más cerca del liberalismo que del conservadurismo o el socialismo (Martí 1953, I: 813 y 1819-1828).

Martí era una generación más joven que los clásicos del liberalismo latinoamericano (José María Luis Mora, Melchor Ocampo, Benito Juárez, Juan Bautista Alberdi, Domingo Faustino Sarmiento, José Victorino Lastarria…) y alcanzó a ver cómo la Iglesia, al final del Pontificado de León XIII, reformulaba su posición antiliberal con la encíclica *Rerum Novarum* (1891). La admisión de la propiedad sobre la tierra como derecho natural, no del hombre, expropiable por el Estado por causa de utilidad pública, era tanto una aceptación del jusnaturalismo liberal como una aproximación cuidadosa a las críticas al liberalismo sostenidas por autores como Henry George y el padre McGlynn. El populista y el católico norteamericanos pensaban que, para combatir la pobreza, el Estado debía impedir monopolios privados por medio del control limitado de servicios públicos, gravar fiscalmente la propiedad de la tierra y fomentar el libre comercio. George y McGlynn no eran, por tanto, antiliberales, sino disidentes de algunos énfasis del liberalismo.

El contenido del liberalismo latinoamericano, en época de Martí, estaba definido más por la confrontación con el conservadurismo católico que por la pugna con el naciente socialismo. Ser liberal en América Latina significaba, entonces, estar a favor de la doctrina de los derechos naturales del hombre –consagrada en las constituciones argentina de 1853, mexicana de 1857 o venezolanas de 1864 y 1874–, defender la desamortización de bienes del clero y las comunidades indígenas, oponerse a los fueros eclesiásticos y militares y secularizar la educación y la cultura. Los interlocutores y amigos latinoamericanos de José Martí –Domingo Faustino Sarmiento y Bartolomé Mitre en Argentina, Matías Romero y Manuel Mercado en México, Miguel García Granados y Lorenzo Montúfar en Guatemala, los hermanos Francisco y Federico Henríquez y Carvajal en Santo Domingo, Cecilio Acosta y los hermanos Bolet Peraza en Venezuela– eran todos liberales.

Como ha observado Jorge L. Camacho, Martí mostró simpatías por las reformas liberales –muchas de ellas anticomunitarias o racistas– emprendidas por los gobiernos de Juárez y Lerdo de Tejada en México, Justo Rufino Barrios en Guatemala o Roca, Juárez Celman y Pelegrini en Argentina (Camacho 2013: 40-58 y 70-93). Pero a Martí le tocó asimilar las mutaciones que el positivismo impuso al liberalismo, sobre todo a través del discurso eugenésico, y que acompañaron las políticas económicas y sociales de las repúblicas de «orden y progreso». En su caso, como en el de Rodó, Darío y otros modernistas de su generación, esa asimilación fue tensa, no desprovista de objeciones, pero tampoco de sintonías.

En textos del periodo mexicano y guatemalteco, entre 1875 y 1878, publicados en la *Revista Universal*, *El Federalista* o *El Progreso* de Guatemala, Martí elogió algunos elementos centrales de la modernización liberal. El artículo «Los códigos nuevos» (1877), aparecido en esta última publicación guatemalteca, es uno de los documentos donde más explícitamente se lee la concordancia de Martí con el proyecto liberal. El poeta cubano, recién graduado de Derecho Civil y Canónico en Zaragoza, elogia la codificación reformista de las leyes latinoamericanas que superaba, finalmente, los últimos rastros de la jurisprudencia corporativa y estamental, heredada de la Edad Media castellana. Las nuevos códigos, que favorecían la propiedad privada, la inmigración europea, la educación laica y el progreso material, acompañaban el surgimiento de una nueva sociedad civil, «no española ni indígena», y una «nueva sociedad política», basada en «relaciones individuales legisladas» (Martí 2011: 132-138).

La tesis de que Martí cambia esa visión favorable al liberalismo latinoamericano a partir de 1887, y especialmente con el ensayo *Nuestra América* (1891), es insostenible a partir de una lectura cuidadosa de los textos sobre América Latina que el cubano escribió entre 1888 y 1891, en el contexto de la Conferencia Monetaria de 1888, el Congreso Internacional de Washington de 1889 y sus célebres discursos en la Sociedad Literaria Hispanoamericana de Nueva York, en honor a México, Venezuela y Centroamérica, entre 1891 y 1892, además del titulado «Madre América» (1889), que adelanta algunas ideas desarrolladas en *Nuestra América*.

Un error común en los estudios martianos consiste en aislar las objeciones de Martí al liberalismo latinoamericano, contenidas en *Nuestra América*, de los otros textos antes mencionados, donde predomina la interlocución con las élites liberales de la región. En la Conferencia Monetaria de 1888, en el Congreso Internacional de 1889 y en la Sociedad Literaria Hispanoamericana, Martí coincidió con estadistas liberales con los que compartía la misma visión de la sociedad y el mismo lenguaje público. En esos textos, el cubano defendía la soberanía de las repúblicas latinoamericanas y llamaba a sus gobernantes a no ceder a las presiones o persuasiones de Washington, pero se cuidaba mucho de no cuestionar las reformas y los liderazgos de dictaduras de «orden y progreso» como las de Porfirio Díaz en México o Antonio Guzmán Blanco en Venezuela.

En *Nuestra América*, sin embargo, Martí cambió deliberadamente el tono, motivado, tal vez, por el hecho de que la publicación donde aparecería el ensayo, dirigida por el poeta y entonces gobernador del estado de México, José Vicente Villada, era más juarista que porfirista, más liberal que positivista. Además de un sentido alegórico y hasta parabólico, que contrasta con artículos centralmente políticos sobre el mismo tema para *La Nación* de Buenos Aires, como «Nuestras tierras latinas» (1885), imprimió a su crítica de algunos gobiernos latinoamericanos un carácter cifrado o indirecto. Cuando Martí habla de «sietemesinos» u hombres artificiales o letrados —contrapuestos al «hombre natural»— intenta retratar a las élites imitativas de cualquier país de la región. Pero, al menos en un momento de aquel ensayo escrito para *El Partido Liberal*, Martí se refiere a gobiernos concretos. Releamos, una vez más, el conocido pasaje de *Nuestra América*:

> De todos sus peligros se va salvando América. Sobre algunas repúblicas está durmiendo el pulpo. Otras, por la ley del equilibrio, se echan a pie a la mar a recobrar, con prisa loca y sublime, los siglos perdidos. Otras, olvidando que Juárez paseaba en un coche de mulas, ponen coche de viento y de cochero a una pompa de jabón; el lujo venenoso de la libertad, pudre al hombre liviano y abre la puerta al extranjero. Otras acendran, con el espíritu épico de la independencia amenazada, el carácter viril. Otras crían, en la guerra rapaz contra el vecino, la soldadesca que puede devorarlas. (Martí 2011: 92-93)

Como puede apreciarse a simple vista, el diagnóstico de Martí sobre la situación de América Latina era, más bien, favorable. El mayor peligro, como dirá más adelante, que corría nuestra América provenía del «desdén del vecino formidable —la América del Norte—, que no la conoce» (2011: 93). Sin embargo, en el pasaje citado se encerraba también una crítica o, en todo caso, una autocrítica, toda vez que Martí se consideraba parte de la élite de letrados y políticos que dirigía las naciones latinoamericanas. Es en esa autocrítica y en su traslado al proyecto de fundación republicana en Cuba donde deberíamos leer la interpelación de José Martí al liberalismo latinoamericano de su época.

A pesar de que Martí, como han observado recientemente Jean Lamore y Jorge Camacho, fue un gran admirador de Charles Darwin y lector dedicado de muchos naturalistas, arqueólogos y sociólogos del siglo XIX, como Herbert Spencer, Edward Burnett Tylor, Ernst Haeckel, Daniel Garrison Brinton o John Lubbock, el cubano no parece haberse identificado plenamente con el positivismo evolucionista, organicista y eugenésico al nivel de otros liberales latinoamericanos, contemporáneos suyos, como Domingo Faustino Sarmiento, Justo Sierra o Agustín Aspiazú[3]. Como otros liberales y republicanos de su generación, en Hispanoamérica, Martí llegó a percibir la amenaza que ese positivismo, que postulaba una rígida jerarquía de razas y civilizaciones superiores e inferiores, representaba para la doctrina de los derechos naturales del hombre, asentada en la tradición constitucional iberoamericana desde 1812, en Cádiz[4].

La interpelación martiana

¿Qué critica Martí a las repúblicas latinoamericanas de su época, que en su mayoría reproducían el modelo oligárquico y autoritario de las «dictaduras de orden y progreso»? Fundamentalmente, lo que llama el «lujo venenoso» y la «discordia parricida», en alusión a las guerras civiles o entre naciones latinoamericanas, como la del Paraguay en los años 1860, que involucró a Brasil, Argentina y Uruguay, o la del Pacífico, todavía en los años 1880, que enfrentó a Chile, Bolivia y Perú. Una traducción conceptual de esa crítica podría arrojar que lo que Martí criticaba a las repúblicas de «orden y progreso» era la desigualdad, el militarismo y el caudillismo. Lo que rechazaba de la desigualdad no era únicamente la pobreza sino la riqueza extrema, amasada a partir del latifundio doméstico o extranjero y la excesiva dependencia del crédito o la inversión foránea. A eso llama «el lujo

---
[3] Véase Lamore 2013 y Camacho 2013: 15-39 y 233-245. Por otra vía, el poeta cubano Orlando González Esteva se ha acercado al naturalismo de Martí, inventariando las múltiples representaciones de los animales que se encuentran en su poesía y su prosa (González Esteva 2014).

[4] Sobre la doctrina de los derechos naturales del hombre en la tradición constitución hispanoamericana, véase Mijangos & Luna & Rojas (eds.) 2012.

venenoso, enemigo de la libertad, que pudre al hombre liviano y abre la puerta al extranjero» (Martí 2011: 93).

El caudillismo y la desigualdad eran atributos de todas las repúblicas de «orden y progreso», pero Martí parece achacarlos a unos gobiernos latinoamericanos y no a otros. Podría pensarse, a partir de sus preferencias o amistades políticas de entonces, que Martí está cuestionando, por ejemplo, la Venezuela de Guzmán Blanco, pero no el México de Porfirio Díaz que, precisamente por sobrellevar varios conflictos con Estados Unidos en aquellos años, podría ser uno de esos «espíritus épicos» o «caracteres viriles» que elogia en otra frase. En todo caso, si la alusión a Juárez sugiere un paralelo con Díaz, como suponen algunos autores, entonces la misma no necesariamente contiene una crítica a todo el liberalismo latinoamericano, ya que Juárez era liberal, sino al liberalismo específicamente positivista que nutrió el aparato de legitimación de los regímenes de «orden y progreso».

El juicio de Martí sobre algunas de las mayores de aquellas repúblicas, la brasileña, la argentina, la mexicana y la venezolana, era más positivo que negativo. A México y a Venezuela, gobernada entonces por Raimundo Andueza Palacio, las elogió en la Sociedad Literaria Hispanoamericana en 1891 y 1892. Sobre la Argentina de Juárez Celman, Pelegrini y Sáenz Peña también escribió Martí favorablemente, además de fungir como cónsul de esa república en Nueva York. Sobre la flamante república brasileña de 1889, que abrazaría con vehemencia la filosofía positivista, escribió menos, pero no es imposible encontrar, en sus crónicas para *La Nación* de Buenos Aires, reclamos a la lentitud con que el gobierno de Estados Unidos reconoció la república brasileña, ecos de la declaración del almirante Arturo Silveira da Mota a propósito de que la brasileña no sería una «república de viento» y hasta un sutil paralelo, en algunos textos entre Carlos Manuel de Céspedes, George Washington, Benito Juárez y Deodoro da Fonseca, el primer presidente de aquel gobierno republicano (véase Martí 1953, I: 293-294 y 1995; y 2003: 644, 1352, 1374 y 1384).

A diferencia de otros letrados latinoamericanos de su generación, como los mexicanos Francisco Bulnes o Justo Sierra, el cubano Enrique José Varona, los argentinos José María Ramos Mejía y Carlos Octavio Munge o los peruanos Javier Prado y Ugarteche y Manuel Vicente Villarán, estudiados por Zea, Hale, Oscar Terán, Augusto Salazar Bondy y, más recientemente, Pablo Quintanilla Pérez-Wicht y Paula Bruno, Martí eludió los enunciados más rígidos y binarios del discurso eugenésico y evolucionista[5]. La relación de Martí con el positivismo estaría más cerca de aquellos que, como el uruguayo Enrique José Rodó o el peruano Manuel González Prada, rehuyeron los tópicos del darwinismo social e intentaron una comprensión no tan etnocéntrica o antropológica de América Latina. Pero ni siquiera en Martí encontramos la familiaridad de Rodó o González Prada con el positivismo espiritualista francés o italiano, que les servía de dique de contención contra la sajonofilia.

Las resistencias de Martí al positivismo son muy parecidas a las de pensadores norteamericanos como Emerson, Alcott, Thoreau o el propio George, que tanto admiró y, como en estos, se trata de fugas o elusiones que no conducen al cubano a una ruptura con el liberalismo. La interpelación martiana opera, más bien, por medio de la activación del legado del liberalismo romántico de la generación anterior, la de Juárez, Montalvo, Sarmiento o Alberdi, y, sobre todo, del republicanismo hispanoamericano de los padres fundadores: Bolívar, Bello, Mier, Heredia. Estas activaciones no implican, en modo alguno, una negación de la doctrina de los derechos naturales del hombre –base del jusnaturalismo liberal–, sino una matización de la misma por medio del énfasis en valores como la igualdad, la justicia y la soberanía.

---

[5] Véase Zea 1968: 405-411, Hale 1991: 336-398, Salazar Bondy 1954: 73-85, Terán 1987: 92-105, Quintanilla Pérez-Wicht 2006 y Bruno 2011: 12-32.

Un texto donde leer esta operación –lamentablemente, menos leído que *Nuestra América*– es la generosa reseña que en 1893, dos años antes de su muerte, Martí dedicó en *Patria* al libro *La sociedad hispanoamericana bajo la dominación española* (1893) del historiador y diplomático argentino Vicente G. Quesada. El autor de este ensayo, editado en Madrid, había sido ministro de Argentina en Estados Unidos y Martí, cónsul de esa nación en Nueva York, debió dirigirle una carta de renuncia en 1891 debido a una campaña de la misión diplomática peninsular que alegaba incompatibilidad, dada la ciudadanía española del cubano. Luego de su gestión en Washington, Quesada fue destacado por el presidente Luis Sáenz Peña como representante en España.

El libro de Quesada era una crítica a los discursos eugenésicos y darwinistas, predominantes en la sociología, la antropología y la historia positivistas, que reproducían el tópico del «atraso hispánico». La reacción de Quesada contra ese discurso era, sin embargo, diferente a la de Rodó o los panhispanistas de la generación del 98 peninsular, ya que, sin deshacerse de la categoría de «raza», ponía mayor énfasis en las instituciones y las leyes. Lo hispánico era, para Quesada, más una tradición institucional y legal, en modo alguno inferior a la anglosajona, que un gen ético o civilizatorio. Martí no pudo ocultar su simpatía con la lectura de la historia hispanoamericana, que refutaba la maldición positivista de una cultura indígena o latina incapaz de «gobernarse y prosperar» (Martí 2011: 125).

En Quesada encuentra Martí un relato histórico que converge con el relato central de *Nuestra América*: con las repúblicas de orden y progreso, Hispanoamérica ha llegado a la mayoría de edad. «De todos sus peligros se va salvando América», decía en aquel ensayo: «ya América está saneada en lo real de sus guerras y en lo vano de sus imitaciones», dice aquí (2011: 124). El historicismo de Quesada, que supo aprovechar a su favor un panhispanista como Rafael Altamira y Crevea, le servía a Martí para sustentar su interpelación al liberalismo positivista. No es raro que esa interpelación recurriera, con cuidado, al mito de la panmixia y el mestizaje –Martí dirá que los «elementos vivos» de esa nueva América son producto de la «mezcla forzosa de la condición diversa de sus moradores» y no de las «peculiaridades inamovibles de hábito o de razas»–, pieza clave del republicanismo hispanoamericano. El concepto de mestizaje, en la tradición republicana lo mismo que en la liberal, operaba y opera como un mecanismo de desindianización o de invisibilización del negro, tal y como observa Joshua Lund para el caso del publicista mexicano Luis Alva, con posiciones sobre el tema muy parecidas a las de Martí (véase Castillo 2007: 84-86 y Lund 2017: 23-55).

Aunque no son frecuentes, en Martí, las pastorales del mestizaje, sí es bastante común en él, como ha documentado exhaustivamente Jorge Camacho, una caracterización moral de las comunidades indígenas de Hispanoamérica en la que se reiteran calificativos como «perezosos, incultos, infantiles, tristes, taciturnos, miserables, imbéciles, retraídos, tercos, huraños, apegados a sus tradiciones, amigos de sus propiedades o enemigos de todo Estado que cambie sus costumbres…» (véase Camacho 2013: 37-38, 46, 48, 56-58). No hay, sin embargo, en cualquiera de esas representaciones de la población indígena un juicio propiamente evolucionista que asocie esos rasgos morales a una inferioridad racial o étnica, como era común leer en tratados de Gobineau, Lapouge, Chamberlain y algunos de sus seguidores en América Latina. Cruzar aquella frontera entre el liberalismo y el evolucionismo habría significado poner en entredicho la doctrina de los derechos naturales del hombre. Hay, como recuerda Francisco Morán, enunciados biopolíticos en Martí, como en cualquier otro letrado latinoamericano de fines del XIX, pero las distancias entre esos enunciados y los tópicos de la eugenesia y el evolucionismo finiseculares también son perceptibles (Morán 2014: 549-595).

«No es la historia humana un capítulo de zoología», escribe Martí, y agrega la premisa del republicanismo atlántico: «el hombre es un ser racional y un ser moral» (en Camacho 2013: 69). Una gravitación similar hacia el naturalismo neoclásico, que, sin embargo, se resiste al argumento organicista, ha encontrado Diego von Vacano en otro republicano de Hispanoamérica: Simón Bolívar. Vacano observa en el republicanismo bolivariano una aproximación pre-evolucionista a la idea del mestizaje, en tanto creación de un nuevo sujeto cultural latinoamericano, que cargaba con prejuicios ilustrados sobre las desventajas de la heterogeneidad étnica para la construcción republicana y, a la vez, desplazaba el elemento de distinción de la raza a la moral cívica de la república (véase Vacano 2012: 56-82).

Martí intentará algo similar, especialmente en sus escritos sobre la cuestión racial y la fundación republicana en Cuba, pero también en textos centralmente destinados a la pedagogía cívica, como los pasajes sobre historia prehispánica y sobre hitos y héroes latinoamericanos en la revista infantil *La Edad de Oro*. Frente al avance en América Latina a fines del siglo XIX de discursos evolucionistas y eugenésicos, que descifraban taras orgánicas en las civilizaciones precolombinas o emblemas de la barbarie en la población afroamericana, Martí apostará por un republicanismo neoclásico, que podría parecer arcaico o temporalmente desfasado si no se pondera la fuerza de su «entronque» con el pensamiento de Emerson, George, Thoreau, Alcott y otras figuras del American Renaissance (véase Ballón 1993: 7-30).

Hemos sostenido en otra parte que la interpelación martiana al liberalismo puede ser leída como una inscripción en la tradición del republicanismo atlántico o específicamente hispanoamericano[6]. Agregamos, en estas páginas, que el liberalismo que cuestiona Martí es el centralmente positivista y eugenésico de fines del siglo XIX y no el jusnaturalista de mediados de aquella centuria, que triunfó en las revoluciones de 1848. Si bien el pensamiento político de José Martí está más cerca de ilustrados del XVIII como Montesquieu o Rous-

---

[6] Véase Rojas 2000: 81-99, 2008: 143-164, 2009: 15, 27 y 29, y 2014: 181-183.

seau que de liberales decimonónicos como Constant, Tocqueville o Stuart Mill, no encontramos en el poeta cubano una refutación de la doctrina de los derechos naturales del hombre.

Tampoco hay en Martí un cuestionamiento frontal de las políticas emblemáticas del liberalismo latinoamericano de su época: libertad de comercio, derechos de asociación y expresión, inmigración blanca, desamortización de bienes comunales, Estado laico... De hecho, no es imposible detectar elogios a algunas de esas políticas a partir de una suscripción del proyecto modernizador de «orden y progreso» impulsado por aquellos gobiernos latinoamericanos. La incomodidad de Martí con aquella América Latina tenía dos orígenes precisos: el rechazo a la dependencia y la desigualdad y el malestar con los discursos de legitimación anclados en el darwinismo y la eugenesia.

En su oposición a esos discursos, Martí no sólo apeló a premisas republicanas o cívicas que privilegiaban al sujeto ciudadano por encima de la raza o la civilización, sino que propuso regresar al jusnaturalismo originario del Estado liberal latinoamericano. La prédica de Martí, en los últimos años del siglo XIX, adoptaba entonces la forma de dos rescates paralelos: el de los primeros republicanos (Bolívar, Mier, Varela, Bello) y el de los primeros liberales (Juárez, Sarmiento, Alberdi, Lastarria). Entre unos y otros se trazaba la genealogía fundacional de esa nueva América, a la que debía integrarse la nación cubana independiente.

III.

La historiografía norteamericana en Martí

La reconstitución de Estados Unidos en las décadas que siguieron a la Guerra Civil, a fines del siglo XIX, es un periodo mítico en la historia intelectual norteamericana. Aquellos fueron los años de gestación de una nueva sociedad post-esclavista en una república federal, que quebraba el molde originario de su dotación de derechos, codificado por la Constitución de 1787. Los años, también, en que el despliegue hemisférico de la hegemonía regional de Estados Unidos tomó un impulso decisivo en medio de la rivalidad con las nuevas potencias europeas. Washington se refundó entonces como imperio y como república, con las enormes implicaciones que esa reconfiguración nacional tuvo para sus relaciones con América Latina y el Caribe, en la víspera de la crisis final del imperio español.

Algunos de los mayores historiadores y críticos de Estados Unidos, en el siglo XX, se interesaron en esa refundación. Francis O. Mathiessen le dedicó su libro *American Renaissance* (1941), sobre el «arte y la expresión» en la que llamaba «era de Emerson y Whitman». Aunque Mathiessen también se ocupaba de otros escritores de aquellas décadas, como Hawthorne y Melville, el espíritu de época que le interesaba reconstruir estaba alojado en algún lugar de la tensión entre el trascendentalismo filosófico emersoniano y la poesía democrática whitmaniana. El renacimiento americano, tras la gran polarización entre el Norte y el Sur, según Mathiessen, estaba marcado por el diálogo del espíritu y la naturaleza, introducido por los trascendentalistas de Concord y por la carnalidad del sujeto en la poesía civil de

Whitman. Entre un polo y otro se desplegaba el «círculo completo» de aquellos «semidioses» americanos de fin de siglo (1941: 635-656).

Edmund Wilson, otro gran crítico norteamericano, ya en el arranque de la Guerra Fría, regresó al tema en su libro *Patriotic Gore* (1962), aunque intentó ampliar el espectro de voces que protagonizaron aquella edad dorada. No sólo dedicó semblanzas a Emerson y a Thoreau, a Whitman y a Melville, sino que se interesó en escritores menos letrados o más populares como Ambrose Bierce y Harriet Beecher Stowe e incluyó, dentro de la nueva literatura, a políticos como Abraham Lincoln y Ulysses Grant, que en sus cartas y discursos contribuyeron a moldear aquel renacimiento americano. Al decir de Wilson, la refundación de la república a fines del siglo xix cargó con la memoria de la Guerra Civil y la imagen de los líderes de aquella gesta en el campo intelectual norteamericano.

El poeta y político cubano José Martí, como es sabido, vivió en Nueva York entre los primeros días de enero de 1880 –de hecho desembarcó en ese puerto el 3 de enero de ese año, en un buque trasatlántico de correo llamado «Francia», que partió a fines de diciembre del puerto de Le Havre–, y febrero de 1895, cuando se traslada, primero, a Cabo Haitiano, para de allí embarcarse hacia a las costas orientales de Cuba, donde encabezará la última revolución por la independencia de la isla. En esos quince años de residencia en Estados Unidos, Martí viajó por buena parte del territorio norteamericano: visitó con frecuencia Boston y Washington, Filadelfia y Baltimore, Tampa y Cayo Hueso. Su conocimiento de la geografía, la cultura, la política y la historia de Estados Unidos es un dato ineludible de su nutrida escritura periodística.

Algunos estudiosos de la obra de Martí sobre Estados Unidos, como José Ballón Aguirre (1986 y 1995), Susana Rotker (1992) y Anne Fountain (2003), han insistido en la familiaridad que alcanzó Martí con los textos de Whitman y Emerson, con la filosofía de los trascendentalistas y la literatura de la postguerra civil. En las páginas que siguen quisiera concentrarme en un aspecto menos conocido de la formación americana del cubano, sus lecturas de historiadores de Estados Unidos, con los que aprendió a dotar de información histórica sus crónicas periodísticas. Me detendré en dos historiadores citados con frecuencia en la obra de José Martí, George Bancroft (1800-1891) y John Lothrop Motley (1814-1877), que fueron referencias fundamentales no sólo para la instrucción histórica sobre Estados Unidos del joven poeta cubano sino para la construcción de su concepto de Revolución.

Como veremos, los juicios de Martí sobre Bancroft son cambiantes. Comienza admirándolo intensamente, como historiador y como diplomático, entre 1882 y 1891, pero a su muerte, en este último año, anota algunas objeciones que intentaremos explicar. Motley, en cambio, es siempre una referencia positiva en Martí, ya que este historiador al que llama «divino», si bien desempeñó funciones diplomáticas, no intervino tanto en la política práctica como Bancroft. El desencanto de Martí con George Bancroft tuvo que ver con el creciente y exhaustivo conocimiento del cubano sobre la biografía política de un letrado demócrata, del Norte abolicionista, que compartió en buena medida el proyecto expansionista de los sureños a mediados del siglo XIX y que condujo una diplomacia amistosa con Otto von Bismarck en Europa.

La lectura de Martí de los historiadores norteamericanos sigue una línea ascendente de curiosidad e identificación, que llega al clímax entre 1887 y 1889, cuando se celebra el centenario de la Constitución y del primer gobierno de George Washington, para luego entrar en una fase de desencanto que intentaremos elucidar. A principios de los años 1890, cuando el poeta se involucra plenamente en la organización del Partido Revolucionario Cubano y de la nueva guerra de independencia, su visión de la historiografía positivista norteamericana es, fundamentalmente, crítica. Para entonces, la historia que interesa a Martí está más cerca de la obra de románticos ingleses o franceses como Carlyle o Michelet que de la historiografía cívica de los norteamericanos de la misma generación.

El libro como almohada

En un panegírico de Bancroft que se publicó en 1891 en la Academia Americana de Artes y Ciencias y que Martí pudo haber leído, Andrew McFarland Davies sostenía que antes de ingresar en la Universidad de Harvard Bancroft había recorrido Europa, especialmente Alemania, donde había hecho estancias en las universidades de Göttingen, Heidelberg y Berlín y había conocido a Alexander von Humboldt. McFarland Davies (1891: 3-4) destacaba el hecho de que a diferencia de muchos historiadores de su misma generación, que habían tenido una formación británica, Bancroft procedía de un ambiente donde pesaba mucho la filosofía alemana de la historia, en la tradición de Herder y Humboldt. Esa peculiaridad pudo haber sido uno de los atractivos que Bancroft ejerció sobre Martí.

Otro elemento que pudo atraer al cubano es que Bancroft era, equivocadamente, percibido como un intelectual alineado con las posiciones del Norte abolicionista, en el contexto de la invasión contra México entre 1846 y 1848 y de la Guerra Civil entre 1861 y 1865. En la semblanza citada, McFarland Davies recordaba que Bancroft se había postulado como candidato demócrata a la gubernatura de Massachusetts, su estado natal, en 1844, y que tras su derrota, el gobierno expansionista de James Knox Polk lo había invitado al gabinete presidencial como Secretario de Marina. Al estallar el conflicto con México, al año siguiente, Bancroft, según esta versión, presentó su dimisión y fue enviado como representante diplomático a Londres y luego a Prusia, desde donde regresaría, tras la Guerra Civil, a Nueva York (McFarland Davies 1891: 5-8). Para la época en que Martí arribó a la ciudad, Bancroft estaba retirado de la diplomacia y la política y se encontraba inmerso en la investigación histórica, como miembro y líder de la American Historical Association.

Sin embargo, las primeras menciones de Bancroft en las crónicas de Martí se refieren a él como autor del panegírico de Lincoln, pronunciado en el Congreso de Estados Unidos en 1865. En ese momento no se habían publicado aún los diez volúmenes de *The History of the United States from the Discovery of the American Continent* (1874), pero Bancroft pudo haber moldeado su proyecto para entonces, considerando que la abolición de la esclavitud y el martirio de Lincoln eran el desenlace de una historia providencial que arrancaba con la Revolución americana de fines del siglo XVIII. En su célebre panegírico, Bancroft sostenía el argumento, que luego desarrollaría en los últimos volúmenes de su obra magna, y que también es muy frecuente en Martí, de que Lincoln cumplía en la historia de Estados Unidos un papel similar al de un hijo de los dioses o los padres fundadores, que completaba el proyecto republicano de la nación americana (Bancroft 1865: en línea).

Martí menciona a Bancroft en una crónica de marzo de 1882 para *La Opinión Nacional* de Caracas en la que compara la oración fúnebre de Henry Lee a la muerte de George Washington con la que Bancroft dedicó a Lincoln en 1865. Esa analogía era ya una suscripción de la dialéctica del padre y el hijo en la descendencia de los patricios republicanos, que seguirá buena parte de la historiografía decimonónica de Estados Unidos y de casi todas las naciones americanas. Pero, a la vez, Martí intentaba relacionar a Bancroft con el abolicionismo y la oposición a la guerra contra México, al establecer la identidad entre el historiador y el héroe: «Muchos años después del panegírico famoso de Henry Lee, el historiador Bancroft pronunciaba ante el Congreso americano, el elogio de Lincoln» Y agregaba: «aquel que no bien puso su pie ancho de leñador en la casa de las leyes, acusó con voces nobles de justicia, la guerra que el presidente Polk, hombre del Sur, movía interesadamente contra México» (Martí 2003: 165).

Aunque nacido en Carolina del Norte, Polk se había identificado con los intereses esclavistas de los demócratas sureños durante su gobierno del estado de Tennessee. Durante su presidencia, Washington reaccionó contra la oposición del gobierno mexicano a reconocer la anexión de Texas y lanzó una intervención del Norte y el Centro de México, que inspiró al publicista John L. O' Sullivan en su elaboración del concepto de «destino manifiesto», el encargo providencial supuestamente asignado a Estados Unidos, como república protestante y sajona, para civilizar a las naciones latinas, católicas y, por tanto, bárbaras del Sur. Deliberadamente, Martí entrelazaba la crítica del expansionismo de la administración de Polk con el panegírico de Lincoln por Bancroft que veía, a su vez, como actualización del legado de Washington, celebrado por Lee.

Dos meses después, en una nueva crónica para *La Opinión Nacional* de Caracas, Martí ya ha comenzado a leer la *Historia* de Bancroft. Al cubano le impresiona la perseverancia de un historiador que comienza a escribir una obra en 1834 y no la ha concluido aún en 1882, medio siglo después. Bancroft, dice, «alimenta su genio» con el trabajo y hace que el lector se sienta «como de mayor estatura y más fuerte» (2003: 198). Antes de la aparición de los primeros volúmenes de esa gran obra, los norteamericanos conocían muy mal su historia. Los textos sobre el pasado colonial de John Marshall o los del italiano Carlo Botta sobre la Revolución de Independencia eran «pobres» o páginas «hermosas, pero breves, muy breves». Tuvo que llegar un americano joven, que había estudiado en Heidelberg –«casa de la historia, todo lleno de ruinas y romances, con sus estudiantes magnánimos, pendencieros y laboriosos; con sus bosques que invitan a meditar; con sus murallas rotas que llevan la mente a la obra del tiempo; con su río solemne, que hace pensar en la corriente de la vida»–, para que Estados Unidos tuviera su primera historia moderna (Martí 2003: 198).

Bancroft es buen historiador porque al conocimiento suma la buena escritura –comenzó escribiendo versos, dato que entusiasma al poeta Martí– y porque piensa filosóficamente el pasado. No narra lo sucedido como si se tratara de una «cumbre de hechos, engastados a modo de rosario, o puestos en junto confusamente a manera de maraña» (2003: 199), sino como un dramaturgo que dispone escenas, héroes y pasiones. Es sobre todo en los volúmenes sobre la Revolución de 1776 y el proceso de redacción, deliberación y promulgación de la Constitución de 1787 donde Martí encuentra ese entramado de narración e interpretación. Desde la perspectiva de las polémicas historiográficas del siglo xix, entre la historia filosófica, al estilo de Herder, Hegel, Guizot o Quinet, y la historia narrativa, a la manera de Thierry, Sismondi y Barante, que defendió Andrés Bello desde Chile, Martí se colocaría en un punto medio[1]. El tipo de historia que elogiaba Martí en Bancroft recuerda el análisis de Hayden White sobre la estructura del drama en la historiografía romántica, a propósito de la tragedia y el romance en Michelet, y Tocqueville, en su libro *Metahistoria*[2]:

> Para Bancroft no hay acontecimiento aislado. La revolución que había de hacer libre a esta tierra empieza para él en la plegaria. Él ve desde la cima, por lo que abarca bien todo lo que pasa en el llano. Agrupa los sucesos. Indica su relación secreta, da a los hombres su doble aspecto racional y poético, escribe con colores. No ve en un hecho, el hecho desnudo; sino que cuenta los azares del espíritu que lo engendró. Se entra en las almas, y las saca a la luz. Pinta las épocas con sus afectos, con sus costumbres, con sus pasiones, con sus vestiduras: pinta las casas, los caminos, la selva majestuosa, las ciudades. Puebla su libro de vivos. Ve al hombre, como el buen historiador ha de verlo, en todos sus aspectos. (Martí 2003: 199)

Martí observa que luego de concluir su monumental obra con un volumen sobre la Revolución norteamericana, Bancroft se centró en

---

[1] Sobre la polémica historiografía del xix, véase Rojas 2009: 195-202.
[2] Véase White 1992: 135-160 y 187-222.

una historia del proceso constitucional que condujo a la promulgación de la Carta Magna de 1787. En otra crónica para *El Partido Liberal* de México, en 1887, dirá que esa *Historia de la formación de la Constitución de Estados Unidos de América* (1882), «enseña más» que la voluminosa *Historia de los Estados Unidos* (1874) (Martí 2003: 777). Pero cuando aparece el estudio constitucional de Bancroft, Martí señala que ese libro debería de «ser la almohada de nuestros pensadores» (2003: 200). El entusiasmo de Martí es tal que podría afirmarse que es a Bancroft a quien debe el cubano las nociones básicas de historia política de Estados Unidos y de derecho constitucional moderno. A través de Bancroft entra en contacto con los debates sobre confederalismo y federalismo, con los matices que, dentro de la democracia, enfrentaron a Lee y a Madison, a Jefferson y a Hamilton, pero también con la tesis, que leerá en Bolívar y en Montesquieu, de que una Constitución es «una ley viva y práctica que no puede construirse con elementos ideológicos», ya que se origina en la «naturaleza» de cada nación (Martí 2003: 199).

La idea de que la Constitución norteamericana de 1787 es la menos imperfecta de las constituciones modernas y que, como cualquier otra, es inimitable, ya se lee en esas crónicas de 1882 de Martí. Desde entonces, objeta la consagración de la esclavitud en el texto, pero explica esa limitación con el hecho de que Jefferson y otros constitucionalistas partidarios de la abolición prefirieron renunciar a esa premisa, que contrariaba el derecho natural a la libertad, para impedir la fractura de la nación. Cinco años después, en una conocida crónica para *La Nación* de Buenos Aires sobre el centenario de la Constitución, Martí reiterará las nociones históricas y jurídicas aprendidas en su lectura de Bancroft. A diferencia de los artículos de la Confederación, que «cayeron en ridículo por ser imitación postiza de las ligas griegas», la Constitución de 1787 «enseña a los pueblos que sólo echan raíces en las naciones códigos que nacen de ellas» (Martí 2003: 944).

A Martí no sólo le interesó Bancroft como historiador sino también como diplomático. En una crónica para *La Nación* de Buenos Aires, de 1885, cuestiona el nacionalismo alemán que alienta el régimen de Bismarck en Prusia y que obliga a los inmigrantes alemanes, naturalizados en Estados Unidos, a tener que realizar el servicio militar en caso de que regresen a su tierra natal. Martí descubre que esa práctica, que le parece un «inconcebible desconocimiento de los derechos personales» (2003: 487), se basa en un tratado diplomático firmado, precisamente, por George Bancroft, cuando era embajador en Alemania, en 1868, y que establecía que luego de dos años de repatriación, los migrantes naturalizados en Estados Unidos perdían la segunda nacionalidad. Esa debió ser la primera decepción del cubano: el historiador que narraba, virtuosamente, la Revolución de 1776 y la Constitución de 1787, era, como diplomático, un cómplice del ascenso del imperialismo prusiano.

A la muerte de Bancroft, con un discernimiento mayor de la biografía política del historiador, Martí apunta: «ayer caía Bancroft, el último de los historiadores retóricos, frívolo e injusto, amigo de Bismarck: el que puso la mano en Texas y en California» (2003: 1477). En tres líneas, buena parte de los elogios a Bancroft, que el propio Martí había escrito durante una década en sus crónicas para periódicos hispanoamericanos, quedaban en entredicho. Ya para entonces Martí sabía que Bancroft, a pesar de su panegírico de Lincoln, fue uno de los mayores letrados del partido demócrata y que como Secretario de Marina y Guerra, en los años cuarenta, apoyó decididamente el expansionismo norteamericano sobre los territorios de Texas, Nuevo México y California.

Los tambores huecos de la historia

Al conocer mejor la biografía de Bancroft, Martí altera su valoración sobre la obra historiográfica del norteamericano. John Lothrop

Motley, que no siempre salía airoso del paralelo con Bancroft, es restituido ahora como modelo de la mejor historiografía escrita en Estados Unidos. Martí menciona a Motley desde las primeras crónicas que dedica a Bancroft, estableciendo un contrapunto. Al igual que Bancroft, Motley fue diplomático en Europa, pero, según Martí, «vivió entre desvanes de anticuario, bibliotecas y archivos», lo que lo convertía más claramente en historiador profesional, «deleitoso» y «caballeresco», que narró «con arte sumo e ímpetu la historia de Holanda» (2003: 200). En otra crónica de 1883 para *La Nación*, Martí ubica a Motley en el centro de la vida intelectual de Boston y dice que el historiador, «tan bello como Byron», «luce» en la ciudad y que su *Historia de la revuelta de los Países Bajos* –uno de los cuatro volúmenes de *The History of the United Netherlands* (1867)– es un «libro que encadena y nutre, y no ha de faltar en anaquel muy a la mano de la librería del hombre de hoy» (2003: 216).

Los libros de Motley, según Martí, son «más artísticos y levantados» que los de Bancroft. En buena medida, porque el historiador anticuario pertenece a la misma «raza noble» de Nueva Inglaterra a la que pertenecen los filósofos trascendentalistas de Condord (2003: 777). El paralelo entre Bancroft y Motley, gradualmente, va moviéndose a favor del segundo, tanto desde el punto vista estético como del político, ya que el estudioso de Holanda encaja mejor en la estirpe republicana y abolicionista del Norte con la que Martí se identifica. La *Historia de los Países Bajos*, que siguió a una primera serie de volúmenes titulada *The Rise of the Dutch Republic* (1856), tiene para Martí el valor agregado de contar el levantamiento de las provincias holandesas en contra de la monarquía católica española en tiempos de Felipe II, lo que para el cubano, que lucha por la independencia de una isla del Caribe contra un imperio colonial, entraña un sentido alegórico.

Motley había muerto en 1877, pero en los años ochenta, cuando Martí vivió en Nueva York, su obra era sumamente reconocida. *The*

Rise of the Dutch Republic. A History, donde Martí leyó sobre el federalismo puritano y el ceremonial cívico de las repúblicas, se reeditó en Nueva York, por Harpers and Brothers, en 1883, cuando el cubano ya llevaba tres años en esa ciudad. El historiador no sólo destacaba la importancia de la Revolución holandesa del siglo XVI para las ideas federalistas y republicanas de los padres fundadores de Estados Unidos, sino que, en sus ensayos sobre la Guerra de Secesión y la reconstrucción de la democracia norteamericana, resaltaba el valor de la abolición de la esclavitud. A diferencia de Bancroft, Motley había criticado el expansionismo norteamericano y había cuestionado el ascenso imperial de Otto von Bismarck y Napoleón III en Europa. Su credo republicano, formado en el estudio de la filosofía calvinista de Johannes Althusius, lo llevó a objetar el relanzamiento del Reich tras la Revolución de 1848.

En una crónica para *La Nación*, de fines de 1888, Martí comenta los preparativos para la celebración del centenario de la primera presidencia de George Washington, en 1789, y apunta que la fiesta será «ruidosa, con pasos y alegorías como aquellas de Holanda que cuenta en su libro hechicero el americano Motley» (2003: 1146). Decía también Martí que acababa de editarse en Nueva York un «retrato» de Motley, aunque quizás el cubano se refería a la memoria sobre el historiador de Oliver Wendell Holmes, reimpresa en 1888, que enfatizaba la perspectiva abolicionista del historiador en diversos artículos y cartas en la prensa, escritos desde Viena, donde era embajador, y que fueron reunidos en el volumen *Causes of the Civil War in America* (1861)[3]. Pero anotaba Martí algo curioso en su crónica y era que, según el cubano, Motley se había opuesto también al lanzamiento del imperialismo prusiano por Bismarck, a quien «habría echado en cara su política de un pie ¡torre de viento! con la misma bravura con

---

[3] Al respecto, véase Wendell Holmes 1879: 101-126

que sacó de los archivos españoles la verdad sobre el lívido Felipe» (Martí 2003: 1146-1147).

En realidad, como recordaba Holmes, Motley se había hecho gran amigo de Bismarck durante su misión diplomática en Austria y Gran Bretaña y se había carteado profusamente con el político prusiano (véase Curts 1889: 218-222). Pero Motley cuestionó respetuosamente a Bismarck por los *blitzkriegs* prusianos contra Austria en 1866 y contra Francia en 1871. No sólo eso, si Martí llegó a revisar la correspondencia de Motley, editada en 1889, seguramente pudo confirmar el firme abolicionismo unionista del historiador y hasta algún apunte elogioso sobre la manera en que los parlamentarios británicos, contrarios a la esclavitud, enfocaban la cuestión cubana en Londres (Curts 1889: 271-273). Tan temprano como en 1861, Motley observaba que si la mezcla de esclavitud y anexionismo de los estados sureños continuaba, Estados Unidos acabaría involucrado en una guerra con España por el control de Cuba, que no convenía a los norteamericanos (Curts 1889: 357-359).

La alusión de Martí al «lívido Felipe», a propósito de Motley, se refería naturalmente a los primeros capítulos de *The Rise of the Dutch Republic*, en los que el historiador norteamericano describía el despotismo contrarreformista de Felipe II en España y los Países Bajos (Motley 1873: 50-115). Tras la abdicación de Carlos V en 1555, el joven príncipe católico se hizo cargo de aquellos reinos rebeldes, a los que aplicó severamente el poder militar y eclesiástico del imperio para mantener la lealtad de los holandeses puritanos (Motley 1873: 80-84). Evidentemente, Martí leyó con fascinación el relato de Motley sobre el heroísmo de los arminianos, encabezados por Johan van Oldenbarnevelt, en su lucha contra el imperio católico romano germánico. Bastaría recordar que las hogueras de los autos de fe en la Plaza Mayor de Madrid, en tiempos de Felipe II, eran para Martí el símbolo perfecto de la intolerancia y el absolutismo (2003: 286).

Este aprecio de Martí por Motley se manifestó también en el hecho de que no lo mencionara en su crítica de la «historia retórica» que, a su juicio, se desató durante las fiestas del centenario de la Constitución de 1787 y el inicio de la primera presidencia de Washington en 1789. Martí, que ha seguido con entusiasmo la conmemoración, se siente a fines de la década saturado de tanta exaltación de la grandeza norteamericana y lanza una crítica directa a la demagogia política en Estados Unidos. Historiadores como el propio George Bancroft o John Bach MacMaster o Eduard von Holst o Benson John Lossing, que estuvieron muy ocupados en aquellos años o que eran profusamente citados por senadores y secretarios de Estado eran, según Martí, «retóricos» porque articulaban un «discurso retroactivo», donde «se recalentaban los manjares servidos en los libros de historia», y donde «se entretiene la vanidad con enumeraciones y estadísticas, que suenan hondo como los tambores, y suelen andar huecos como ellos» (2003: 1244).

Martí, que en sus primeras crónicas sobre Bancroft valora algunos elementos de la historiografía positivista, termina rechazando los textos que carecen de esas «verdades que el genio descubre en el análisis de lo actual para guiarse en lo futuro» (2003: 1244). La diferencia entre Motley y Bancroft, advertida por el cubano, es la misma que Fernand Braudel, Hayden White, Sheldon Wölin y otros estudiosos de la historiografía moderna del siglo XIX notaron en sus lecturas paralelas de Marx, Tocqueville, Michelet o los morfólogos de las culturas y las civilizaciones como Burkhardt, Spengler o Toynbee, a quienes ubicaron en una relación tensa con el positivismo (véase Braudel 1970: 130-143). En Estados Unidos, esa historiografía positivista cedía fácilmente a la demagogia y el chovinismo en la representación del pasado, glorificando hitos y héroes.

Martí simpatizó con esa historiografía útil, que se ponía en función de una pedagogía cívica, y en varios textos sobre América Latina y Cuba expresó el deseo de que esa tradición arraigara en la isla y el continente. Pero tampoco dejó de observar el peso negativo de una retórica que hacía resonar los tambores huecos del pasado. Esa deriva crítica de Martí en sus últimos años en Nueva York, justo antes de su inmersión en el proceso independentista cubano, viene a agregar matices al republicanismo neoclásico del cubano y, sobre todo, a las fricciones de ese *ethos* republicano con un patriotismo colonial y antiesclavista en el Caribe hispano. A pesar de su apego al modelo cívico de nación, había en José Martí suficientes alertas como para detectar el vaciamiento de los contenidos políticos de la historia nacional en las ceremonias de legitimación de un Estado.

IV.

Juan Marinello: el dogma y la crítica

Hijo de un rico inmigrante catalán, el intelectual y político cubano Juan Marinello Vidaurreta (1898-1977) personifica los avatares ideológicos y literarios del comunismo cubano en el siglo XX. Nacido en Jicotea, un pequeño pueblo de Las Villas, en la zona central de la isla, en 1898, año de la intervención de Estados Unidos en la guerra de independencia de los cubanos contra España, Marinello se afilió a mediados de los años treinta al primer Partido Comunista de Cuba, el fundado por Julio Antonio Mella y Carlos Baliño en 1925, y desde su ingreso a esa institución hasta su muerte en 1977 nunca dejó de militar en las filas comunistas y de pertenecer, de hecho, a su máximo liderazgo.

A diferencia de otros comunistas de aquella primera generación, como el propio Mella o Rubén Martínez Villena, Marinello sobrevivió a las dos revoluciones del siglo XX cubano, la de los treinta contra la dictadura de Gerardo Machado, y la de los cincuenta, contra la de Fulgencio Batista. En los dos regímenes que sucedieron a esas revoluciones, fue una relevante figura pública. En 1939 fue delegado comunista a la Asamblea Constituyente que aprobó la Carta Magna cubana al año siguiente, y en 1948 y 1952 fue candidato a la presidencia por el Partido Socialista Popular. Luego del triunfo de la Revolución, en 1959, sería Rector de la Universidad de La Habana, embajador de Cuba en la UNESCO, miembro del Comité Central del Partido Comunista, desde 1965 hasta su muerte, y diputado a la Asamblea Nacional y miembro del Consejo de Estado, entre 1976 y 1977.

Se trata, por tanto, de un intelectual con una intervención permanente, no sólo en la esfera pública o en la vida literaria y académica sino, específicamente, en la sociedad política de la isla durante un buen trozo del siglo XX. Marinello comparte esa gravitación con otros letrados comunistas de su generación o un poco más jóvenes, como José Antonio Portuondo, Mirta Aguirre o Carlos Rafael Rodríguez, pero a diferencia de estos su perfil sumaba dos horizontes discursivos, el americanismo y el hispanismo, no tan perceptibles en aquellos y que también marcaron a otros ensayistas liberales de su generación, como Jorge Mañach, Francisco Ichaso, Félix Lizaso o José María Chacón y Calvo.

En las páginas que siguen intentaré reconstruir, a grandes trazos, la experiencia intelectual y política de Marinello dentro del comunismo cubano y latinoamericano, siguiendo el eje de ese hispanismo y americanismo de izquierda, construido, en buena medida, en los años previos y posteriores a la Segunda República española. Hay en Marinello una formación hispana, deudora del Siglo de Oro, del modernismo hispanoamericano y de la generación peninsular y americana del 98, fundamentalmente, que se abre al interés por las vanguardias y las izquierdas con la generación siguiente, la del 27. Explorar las disonancias entre ese hispanismo y el comunismo doctrinario y ortodoxo, que defendió toda su vida, nos permitirá acercarnos a uno de los capítulos más fascinantes de la historia intelectual de la izquierda latinoamericana en el siglo XX.

El hispanismo juvenil de Marinello es bastante perceptible en su ensayística. No así un americanismo de izquierda, que también compartió con otros intelectuales de su generación, como Jorge Mañach, aunque en una versión más acotada por su acelerada inscripción en el marxismo y el comunismo, y que tiene como lectura básica al escritor newyorkino Waldo Frank. En La Habana de los veinte, como en Lima o en Buenos Aires, Frank y el marxista peruano José Carlos Mariátegui son referentes ineludibles de las redes intelectuales de una izquierda atlántica (Tarcus 2001: 37-46). En las páginas que siguen observaremos cómo hispanismo y americanismo son vectores de una política intelectual, que marcan la obra ensayística de Marinello entre 1925 y 1935, cuando, tras su ingreso al Partido Comunista de Cuba, inicia un giro ideológico hacia el marxismo-leninismo de corte soviético, que lo acompañará hasta el final de su vida, y que determina, en buena medida, su visión de la cultura cubana y latinoamericana, además de su constante intervención en la esfera pública de la isla.

Efímera heterodoxia

En una conocida conversación con el periodista Luis Báez, poco antes de morir, que puede ser leída como memoria y testamento, Juan Marinello contaba que su padre había sido administrador del ingenio La Pastora, en Las Villas, donde se enriqueció aceleradamente en los primeros años del siglo xx (Báez 1995: 11-13). La fortuna amasada, sobre todo durante el boom azucarero de la Primera Guerra Mundial, permitió a la familia poner residencia en La Habana, donde ingresó en la universidad capitalina en 1916, graduándose de Derecho Civil y Público en 1921 (Báez 1995: 20). Luego de una breve estancia en la Universidad Central de Madrid, regresa a la vida académica e intelectual en La Habana, formando parte de algunos de los más importantes movimientos y publicaciones de aquella década: la Protesta de los Trece (1923), el Movimiento de Veteranos y Patriotas, el Grupo Minorista y las revistas *Social* y *Avance* (1927-30).

Marinello cuenta en la misma entrevista que, a pesar de su constante intervención en aquellos movimientos de la izquierda juvenil habanera, no se sumó entonces al Partido Comunista, fundado por Mella. La explicación que ofrece es, por supuesto, atendible pero no permite reconstruir a plenitud las razones de esa decisión, sobre todo, si tomamos en cuenta su estrecha amistad con Mella y con el poeta

Rubén Martínez Villena, quien en 1928 ya era miembro del Comité Central del Partido Comunista. Veamos cómo Marinello presentaba su no pertenencia al partido entre 1925 y 1935:

> Yo empecé a trabajar con otro sentido y con otra perspectiva. No entré en el partido. No entré por una razón un poco táctica. Era principalmente intelectual de izquierda, no era líder popular ni mucho menos. Además, todavía era muy joven... Estuve bastante tiempo trabajando junto al partido en una entidad que obedecía a los criterios partidistas, pero que era mucho más amplia: la Liga Antimperialista. Ese fue el semillero o el paso nuestro hacia el Partido Comunista. Era muy justo que fuera así y, además, muy inteligente por parte del partido. (Baez 1995: 58)

Marinello fue el sucesor de Mella en la presidencia de la Liga Antimperialista, y coordinador del Consejo de Redacción de la revista *Masas*, entre 1934 y 1935, órgano de esa asociación que, en efecto, era promovida por el Partido Comunista pero no era una dependencia o una extensión de éste. Marinello y otros intelectuales de aquella época, además de la mayoría de los historiadores del periodo, han entendido la Liga Antimperialista como una organización paracomunista, pero la idea podría discutirse. Tanto en la Liga como en la revista *Masas* intervinieron intelectuales y políticos no comunistas, como el periodista José Manuel Valdés Rodríguez, gran admirador del cine de Serguei Eisenstein, o el historiador de la ciudad de La Habana, Emilio Roig de Leuchsenring, o el nacionalista revolucionario, no comunista, Pablo de la Torriente Brau.

Al igual que en las ligas antimperialistas de Estados Unidos, México y Argentina, estudiadas por Daniel Kersffeld, en la cubana intervenían nacionalistas y liberales, que publicaban en revistas vanguardistas como *Social* y *Avance*, y que eran próximos a la naciente izquierda populista latinoamericana, que asociamos con la Revolución Mexicana, Augusto César Sandino en Nicaragua o Víctor

Raúl Haya de la Torre y el APRA en Perú (Kersffeld 2012: 7-24). En el primer número de 1934 de la revista *Masas*, en el editorial «Al comenzar», Marinello afirmaba que la publicación «aspiraba a ser una revista revolucionaria en el más amplio y genuino sentido de la palabra» y que, «para serlo cabalmente, precisa ante todo, denunciar sin miedos ni hipocresías la realidad colonial de Cuba»[1].

Esa manera de presentar la orientación ideológica de la publicación permitía una convergencia de diversas corrientes de izquierda bajo la definición de «lo revolucionario». El concepto facilitaba la identificación con las tradiciones anticoloniales y antiesclavistas del siglo XIX, personificadas por José Martí, y suscribía además el posicionamiento crítico frente a la hegemonía de Estados Unidos sobre el Caribe, y específicamente Cuba, que impulsaban pensadores norteamericanos como Waldo Frank, Carleton Beals o Leland H. Jenks en su influyente libro *Our Cuban Colony* (1926), y socialistas españoles como Luis Araquistáin, autor de *La agonía antillana* (1928).

La expresión que usa Marinello, en la entrevista con Báez, es «las autoridades no conocían que todo aquello estaba fomentado por el Partido Comunista», insinuando que su no militancia era algo pactado con la organización (Báez 1995: 59). El argumento de la «juventud» tampoco es convincente, ya que Marinello era cinco años mayor que Mella y uno mayor que Martínez Villena, que fueron militantes desde los veinte. Tal vez la explicación de esa no pertenencia al partido se encuentre en la propia obra ensayística de Marinello, entre 1920 y 1935, donde es posible leer una inscripción en la izquierda no comunista latinoamericana. Era aquel un Marinello que, a la vez que defiende un arte vanguardista, comulga con un hispanismo y un americanismo que no necesariamente respetaban la matriz doctrinal del marxismo-leninismo.

---

[1] Véase el *Diccionario de la Literatura Cubana*, vol. II: 562.

En el discurso de apertura del Salón Anual de Bellas Artes, en 1925, Marinello se apoyaba en el ensayista liberal Jorge Mañach, a quien llamaba «fino talento», para proponer que las artes plásticas cubanas abandonaran el nacionalismo estrecho y el tipicismo folklórico, propios la «condición subalterna de factoría» de un país caribeño, como Cuba, sometido a la hegemonía de Estados Unidos (Marinello 1989: 3-8). Marinello sostenía que el vanguardismo y el cosmopolitismo en las artes cubanas eran maneras de enfrentar esa condición subalterna. Era preciso abandonar el «cubanismo temático» e introducir en la cultura cubana una «visión moderna, amplia y comprensiva», que tomara cuerpo en una «alta política artística» (1989: 6-7). Cuando Marinello hablaba de «ir a lo vernáculo con ojos extranjeros y a lo extraño con ojos cubanos» coincidía, en lo fundamental, con el Mañach de *La crisis de la alta cultura en Cuba* (1925) y *La pintura en Cuba* (1925) y con la plataforma estética y política que compartirán los editores de la *Revista de Avance*, fueran de tendencia socialista, como Alejo Carpentier y Martín Casanovas, o liberales como Francisco Ichaso o el propio Mañach.

En otro momento de aquella conferencia, Marinello proponía una crítica de la relación entre Estados Unidos y Cuba que también establecía puntos de contacto con Mañach, aunque no tanto con Ichaso, quien por su formación centralmente hispánica peninsular se había convertido en un experto en la obra de Luis de Góngora y Lope de Vega. Como Mañach, graduado de la Universidad de Harvard y artífice de la difusión de la literatura y el pensamiento norteamericanos en Cuba, Marinello valoraba positivamente el contacto de la cultura de la isla con la vanguardia intelectual norteamericana, aunque reprochaba que no fuera eso, sino la explotación de la riqueza azucarera de la isla, el principal interés de Washington en el Caribe:

> Añadamos a todo esto el contacto con una nación poderosísima, que se ha relacionado con nuestro pueblo, no por el ansia de superio-

res horizontes, que parece poseer hoy a sus clases directoras, ni por su ambiente abierto y franco a las más diversas tendencias estéticas, ni del color y de la forma, sino por la base dura y egoísta en que estas favorables circunstancias tienen su natural sustentáculo. (Marinello 1989: 5)

Este joven Marinello, que apoya, con algunas reservas, el proyecto del Congreso Libre de Intelectuales Iberoamericanos –impulsado por el peruano Edwin Elmore, que planeaba reunir en La Habana al español Miguel de Unamuno, al cubano Enrique José Varona y al mexicano José Vasconcelos, como patriarcas de un nuevo hispanoamericanismo– y que elogia las «agudas observaciones del maestro Ortega y Gasset», está, intelectualmente, más cerca de Mañach que de Mella (1989: 187-191). En los momentos en que esa sintonía intelectual se ve extrañada por tensiones ideológicas, estas últimas se expresan por medio de una insistencia en la necesidad de unir el marxismo de Mariátegui y el americanismo de Frank, como sostiene en *Sobre la inquietud cubana*, de 1929 (1989: 206-207).

La divergencia se atenuaba por el hecho de que el propio Mañach era admirador de Mariátegui, más como promotor del vanguardismo artístico y literario en Hispanoamérica y como «americanista», en la misma acepción de Marinello, que no excluía la alta cultura norteamericana, que como marxista. Esa defensa del diálogo entre el humanismo de Frank y el marxismo de Mariátegui fue perceptible en los dos números monográficos consecutivos que dedicó la *Revista de Avance* a ambos pensadores, entre fines de 1929 y el verano de 1930. En esos dos números, Marinello y Mañach publicaron sendos ensayos sobre el norteamericano y el peruano, mostrando sutilmente sus diferencias, pero también su común apuesta por un americanismo, abierto al entendimiento entre liberales y marxistas.

En el número de *Avance* dedicado a Frank, en diciembre de 1929, Marinello proponía una muy completa lectura de la articulación entre americanismo e hispanismo que estaba produciendo la obra del norteamericano. Luego de la publicación de *Virgin Spain* (1926), Frank había desplazado la mirada al mundo hispanoamericano con dos libros, *The Rediscovery of America* (1929) y *South of Us* (1931). Para Mañach y Lizaso, es decir, para los ensayistas liberales de *Avance* –a excepción de Ichaso, cuyo antiamericanismo lo hizo tender al falangismo– esa yuxtaposición entre americanismo e hispanismo no era contradictoria, aunque sí conflictiva. Marinello parece colocarse en una misma perspectiva al destacar que la manera en que Frank comprendía España, a través de Cervantes y Unamuno, del «impulso heroico» de Don Quijote, que «sale ileso de todo choque con lo tangible», y de la «verdad del hombre-isla, colgado de las montañas de Guipúzcoa», era una vía de acceso a la comprensión de las sociedades hispanoamericanas (Marinello 1929: 7)[2].

España era una vía de acceso, agregaba Marinello, pero no una «llave» que abrirá a Frank todas las puertas «para llegar a lo íntimo de los pueblos colonizados por ella» (1929: 7). No descartaba Marinello que España e Hispanoamérica pudieran conformar una nueva unidad, donde el «anhelo de totalidad del átomo español» se empalmara con el «proceso heroico» de las independencias (1929: 8). Esa unidad podía ser obra de una política intelectual que presionara sobre las fronteras culturales de España y ambas Américas, la del Norte y la del Sur, pero, por lo pronto, según Marinello, las realidades de España e Hispanoamérica no estaban situadas en un mismo nivel de la historia social. La forma en que Marinello, hijo de inmigrantes, con una estancia en la Universidad Central de Madrid y con incipientes lecturas marxistas, planteaba ese desnivel es problemática:

---

[2] «Meditación de Waldo Frank» fue incluido en la *Órbita* de *Revista de Avance*, preparada por Martín Casanovas (1965: 340-344), otro de los editores de la publicación, pero, por alguna razón imaginable, fue excluido de las dos grandes antologías de prosas de Marinello –*Ensayos* (1977) y *Cuba: cultura* (1989)– editadas en Cuba luego de la muerte del intelectual comunista.

La ciudad, protagonista central en la obra de Waldo Frank, no es española ni en Cuba ni en Bolivia. El hombre ha dejado de ser –nunca lo fue en esencia– parte de la voluntad castellana y aún no ha elevado las torres que debe destruir. Es un hombre que no tuvo verdad y aún no tiene realidad. ¿Cómo encuadrar fecundamente un mundo en que el ansia de unidad dispersa en cada espíritu no ha dado aún en la obra parcial, desorientada, pero ponderable, la medida de su sed? (1929: 8)

Marinello parecía sugerir que la ciudad y el hombre hispanoamericanos se ubicaban en un escalón inferior del desarrollo histórico, en lo que sería una derivación vulgar del materialismo histórico, que habría espantado a Mariátegui. Aún así, el marxista cubano otorgaba un valor estrictamente «político» a la obra de Frank, a quien llamaba «el yanqui inusitado» (1929: 8). Curiosamente, en aquel mismo número de *Avance* se insertaba un texto de Mariátegui –probablemente una de las últimas publicaciones del marxista peruano en vida–, que cuestionaba involuntariamente el reparo de Marinello a Frank. Este último, según Mariátegui, era «la prueba concreta y elocuente de la posibilidad de acordar el materialismo histórico con un idealismo revolucionario» (1929: 4).

Mariátegui, como es sabido, admiraba el temprano ensayo *Our America* (1919) de Frank, donde el escritor norteamericano había reseñado la historia intelectual de Estados Unidos en el siglo XIX. El peruano concluía, a partir de esa lectura, que el «método» ensayístico de Frank era positivista, pero que «en sus manos el método no es un instrumento». Con esta salvedad, Mariátegui sugería a la juventud socialista latinoamericana que leyera a Frank, ya que podría encontrar que en su «crítica al idealismo de Bryant razonara como un perfecto marxista y que en la portada de *Our America* pusiera estas palabras de Walt Whitman: la grandeza real y durable de nuestros estados será su religión» (1929: 4). Mariátegui, quien como Frank admiraba a Unamuno, aunque objetaba su rechazo al marxismo, se atrevía a exhortar al anciano filósofo: «Unamuno modificaría probablemente su juicio sobre el marxismo si estudiase el espíritu –no la letra– marxista, en escritores como el autor de *Our America*» (1929: 4).

Otras colaboraciones en aquel homenaje a Waldo Frank en *Revista de Avance*, como las de Félix Lizaso y Jorge Mañach, retomaban la misma invitación al diálogo, pero no tanto entre marxismo e idealismo como entre las dos Américas, la sajona y la hispana, la protestante y la católica. Según Lizaso, la obra de Frank estaba animada por un «sentido místico de totalidad», que era inevitable asociar con un espiritualismo o un trascendentalismo, y que facilitaba el diálogo entre las dos Américas. El desencuentro entre las dos mitades del continente no tenía que ver con la pugna doctrinal entre materialismo e idealismo sino con dos versiones históricas del materialismo moderno, el de la voluntad, en el Norte imperial, y el de la sensibilidad en el Sur republicano (Lizaso 1929: 10-11).

Para Lizaso era evidente que la propuesta dialógica de Frank partía de un reconocimiento de la «variedad de *ethos*» que constituía las culturas americanas (1929: 12). Esa diversidad, que no sólo se zanjaba en la frontera entre el Norte y el Sur, sino en fronteras interiores, como la que Marinello insinuaba entre el Caribe y los Andes, por ejemplo, podría reforzar una estrategia de acercamiento, en la que «cada América adquiriera su propio temple espiritual, a un mismo grado de temperatura si fuese posible» (1929: 12-13). Esta idea de un diálogo cultural hemisférico, basado en el discernimiento y la autoconciencia de la diversidad intra-americana, aparece más claramente esbozada en el ensayo «Signos de Waldo Frank», de Mañach, que de algún modo adelanta la argumentación básica de sus estudios sobre John Dewey y su póstumo libro, *Teoría de la frontera* (1961).

Con mayor espesor filosófico que Marinello y Lizaso, Mañach coincidía en el sentido «totalista», «cósmico» o «integralista» del pensamiento de Frank (Mañach 1929: 18)[3]. Ese sentido abarcador,

---

[3] Este importante ensayo de Mañach, también por razones comprensibles, no fue incorporado en la *Órbita de la Revista de Avance* (1965), editada por Martín

según Mañach, tenía que ver, en efecto, con la tradición espiritualista y trascendentalista norteamericana del siglo XIX, con Emerson a la cabeza, que desembocaba en George Santayana, quien había sido maestro de Mañach en Harvard. Pero en Santayana esa tendencia era comprensible, por su ascendencia hispánica, no en Frank, quien, al decir de Mañach, poseía, sin embargo, «concordancias con el pensamiento y la sensibilidad mediterráneas» (1929: 20). Como Martí en su lectura de Emerson, Mañach intentaba leer a Frank como crítico del pragmatismo y el imperialismo norteamericanos.

Una crítica que, a su juicio, también era constitutiva de una cultura liberal y republicana como la de Estados Unidos. La «visión» cósmica de las Américas de Frank, al decir de Mañach, intentaba rebasar el puritanismo y el imperialismo, que integraban los «átomos» del Norte (1929: 21). Aunque no le daba la misma importancia, dado su tono filosófico, Mañach también concluía, como Marinello y Lizaso, en que esa visión integradora de las dos Américas no debía limitarse al ensayismo cultural o a la diplomacia intelectual sino que tendría que aventurar alguna traducción política. Ese será, justamente, el centro del ensayo de Francisco Ichaso, quien, con una retórica más encendidamente antiyanqui, insistirá en que los males de América que denunciaba Frank tenían lugar en las dos riberas del río Bravo (Ichaso 1929: 14-16)[4].

El número de *Avance* dedicado a Mariátegui, en junio de 1930, es un buen reflejo de las fracturas dentro de aquel grupo de intelectuales cubanos, que compartían hispanismo y americanismo pero que comenzaban a dividirse en relación con la democracia, el liberalismo, el marxismo y otras ideologías del siglo XX. El ensayo de Marinello en aquel homenaje abre un flanco de asunción del marxismo, como referente del pensamiento cubano e hispanoamericano, que

---

Casanovas luego de la Revolución cubana, en la que se escamotea la centralidad de Mañach en aquella revista.

[4] Este ensayo tampoco fue reproducido en la *Órbita de Avance* (1965).

no hará más que afirmarse en los años siguientes y que, a partir de 1935, determinará la mayor parte de su actuación pública. Aunque seguía defendiendo el «significado continental» y americanista en *Siete ensayos de interpretación de la realidad peruana* y toda la obra de Mariátegui, lo importante del escritor peruano era la postulación del marxismo –«con sus complementos sorelianos y leninistas»– como «absoluto» (Marinello 1965: 350).

Esa era, según Marinello, la «batalla» de Mariátegui, la «socialización de Hispanoamérica», fuera de los «módulos» tradicionales de «importación» material y cultural de Europa. A través de un marxismo mestizo, trasplantado a un contexto incaico, podía lograrse que los «pueblos del Sur realizaran a plenitud el nuevo estado» (1965: 357). El gamonalismo, el problema del indio serrano del Cuzco o el «anquilosamiento del cuerpo social del Perú» eran formas específicas de una explotación colonial que se sufría en toda «Indoamérica» (1965: 358). Lo continental de la empresa estaba relacionado con una revolución social latinoamericana que Marinello, vasconcelianamente, llama «saturación de Indoamérica», que ayudaría a trascender el capitalismo industrialista y el imperialismo «estéril» (1965: 359).

Es curioso advertir, en ese número de junio de 1930 de *Revista de Avance* dedicado a José Carlos Mariátegui[5], cómo la mayoría de las colaboraciones evitan enfocar el tema del americanismo de izquierda, tan constante en la publicación desde 1927, y cómo muy pocos colaboradores –si acaso uno, Jorge Mañach– se refieren abiertamente al marxismo, en tanto filosofía traducida por el pensador peruano. Waldo Frank habló de Mariátegui como síntesis de Jesús y Spinoza, Lino Novás Calvo lo describió como «un nuevo misionero, que se limitó a confesar su fe», Lizaso destacó su defensa de una estética realista y a la vez vanguardista, Medardo Vitier su estilo enérgico y

---

[5] En ese número, véase Frank 1930: 165-166; Novás Calvo 1930: 173-174; Lizaso 1930: 181-182; Vitier 1930: 184-185; Ichaso 1930: 185-186.

fogoso y Francisco Ichaso, por último, la sublimación intelectual de su impedimento físico.

Es sintomática, como decíamos, la elusión del marxismo dentro de los ensayos en homenaje a Mariátegui en *Avance*. Novás Calvo, tan cercano al comunismo cubano, no lo menciona; Lizaso dice que «con actitud diáfana, el peruano gravitaba a un marxismo ortodoxo» (1930: 182), Vitier que «la tesis inmensa de Marx le late en las páginas sin sofocarle el aliento propio» o que «Marx queda al margen cuando leemos a este espíritu doloroso de la América nueva» (1930: 184), e Ichaso, en su texto de mal gusto, dice que a diferencia del «comunismo inconsulto» que, a su juicio, predominaba en América, «el comunismo de Mariátegui no pasó nunca por esa escuela de rigor y precisión, por esa apretada organización revolucionaria, que es la obra de Marx» (1930: 186). Mañach, en cambio, es el más generoso de todos con el marxismo de Mariátegui, que considera un dogma menor y necesario:

> En esa actitud, en esa disciplina, se encontrará toda su grandeza y su ocasional servidumbre. Sólo este sentimiento de la idea como algo ajeno y superior puede, tal vez, infundir semejante valor y lealtad y seguridad en la defensa de ella. El mismo Marx –hegeliano *ab origo*– no sintió jamás la paternidad de su criterio, que le pareció criatura del devenir histórico, especie nueva de revelación. El hombre que se siente hechor de sus ideas, superior a ellas, no halla dificultad en abandonarlas a su propia suerte. En todo caso, no se sacrificará él mismo a su criatura. La abnegación es siempre de estirpe religiosa en cuanto supone un sentimiento de dependencia. (1930: 178)

Y agrega Mañach:

> Pero el dogma no le infunde a Mariátegui solamente su coraje y su fervor, sino también su fuerza dialéctica, su seguridad. En esto vio él la principal conveniencia de una filiación ideológica. Un dogma es un

principio jerárquico de posiciones críticas, un orden riguroso de enjuiciamientos. Tiene una lógica interior ya asentada, una sólida trabazón. Admitido el principio, la dialéctica del dogma –en la teodicea como en el marxismo– es punto menos que vulnerable, porque la fuerza es siempre atributo de la cohesión, de la estructura. De aquí que Mariátegui sea por excelencia, en el pensamiento de América, el hombre seguro. Afirma o niega netamente. (Mañach 1930: 179)

No se leyó, en La Habana de 1930, un homenaje a Mariátegui tan honesto y bien escrito como el de Jorge Mañach. Un homenaje en el que se daban la mano marxismo y americanismo, de una manera que condensaba la poética y la política de *Revista de Avance*. La palabra de Mariátegui era, según Mañach, la palabra «neta, directa y total» de América (1930: 179). Esa articulación entre hispanismo, americanismo y marxismo, en uno de los últimos números de la revista, era elocuente pero frágil, como pudo comprobarse no sólo con el cierre de la publicación, ese mismo año, sino con la evolución posterior de cada uno de sus editores[6].

UN COMUNISTA PROFESIONAL

El Marinello posterior a *Avance* describe una progresiva inmersión en el Partido Comunista de Cuba y en la lógica con que esta organización proyectó su intervención en la esfera pública cubana. Encarcelado dos veces por su activismo contra las dictaduras de Gerardo Machado y Fulgencio Batista, una vez en la Isla de Pinos, en 1932, y otra, en 1935, a raíz de la publicación de la ya citada revista *Masas*, Marinello vivió durante la segunda mitad de los años treinta exiliado en México, con frecuentes viajes a Estados Unidos y a España, donde se involucra en las redes culturales de apoyo a la República Española. En México participa en el Primer Congreso de

---

[6] Sobre la experiencia de *Revista de Avance*, véase Manzoni 2001: 85-114.

la Liga de Escritores y Artistas Revolucionarios y en el mismo año, 1937, interviene en Madrid, junto a Nicolás Guillén, como delegado cubano al Congreso de Escritores por la Defensa de la Cultura, en apoyo al gobierno republicano.

De vuelta a La Habana a fines de los treinta e instalado en la alta dirigencia del partido Unión Revolucionaria Comunista, el nombre que adoptaría la organización en aquellos años, Marinello es elegido delegado a la Asamblea Constituyente de 1940, junto a otros cinco representantes comunistas. Frente a los miembros del Partido Revolucionario Cubano (Auténtico), los liberales, los nacionalistas o los «menocalistas» (partidarios del ex presidente Mario García Menocal), que sumaban más de diez delegados cada uno, el partido comunista era una fuerza constitucional y legislativa minoritaria. Tal vez comparable, en su pequeñez, a otra minoría, la de los miembros de la organización ABC, dentro de la que estaban dos antiguos compañeros de Marinello en *Avance*, Jorge Mañach y Francisco Ichaso (Riera Hernández 1974: 43).

A pesar de su pequeñez, Marinello y otros constituyentes, como Blas Roca y Salvador García Agüero, intervinieron enérgicamente, y a veces de manera decisiva, en los debates del constituyente. La avanzada legislación social de la Constitución de 1940, en materia de familia, cultura y, sobre todo, trabajo (derecho inalienable al mismo, salario mínimo y equitativo, seguro social, jornada de ocho horas, descanso obligatorio, garantías laborales para la mujer, libertad de sindicación, derecho a huelga, contratos colectivos de trabajo, empresas cooperativas, viviendas obreras, mutualismo…), fue aprobada, en buena medida, por medio de una negociación entre comunistas y liberales cubanos a mediados del siglo XX (Cuesta 1974: 255-259).

Luego de la instalación del gobierno constitucional de Fulgencio Batista, entre 1940 y 1944, en el que dos comunistas, Carlos Rafael Rodríguez y él mismo fueron «ministros sin cartera» del gabinete, Marinello se convirtió en representante al Congreso cubano, vicepresidente del Senado y en presidente del partido, reteniendo Blas Roca, otro congresista, el cargo de Secretario General. Durante esos años de pertenencia a la coalición gobernante, que coinciden con la Segunda Guerra Mundial, es perceptible una curiosa dualidad en Marinello y, en general, en el partido comunista: mientras son más contemporizadores en la política, como corresponde a una época de «frentes amplios» y «colaboración entre clases», se vuelven más ortodoxos desde el punto de vista doctrinario.

La deriva ortodoxa comienza a aparecer en algunos textos de los treinta en los que acusa a intelectuales liberales o a organizaciones como ABC, el APRA o el Partido Revolucionario Cubano (Auténtico) de optar por «Wall Street» y no por las «masas criollas» (Marinello 1989: 211-213). Por entonces sus defensas de la URSS y de Stalin son desinhibidas y dicho posicionamiento se hace acompañar de un abandono progresivo del vanguardismo juvenil y una defensa del realismo en poesía y en narrativa, que ve cristalizados en poetas cubanos como Manuel Navarro Luna y Nicolás Guillén, o en narradores de la «tierra» como Rómulo Gallegos, José Eustaquio Rivera y Ricardo Güiraldes (Marinello 1977: 85-99). Por momentos, en los cuarenta, Marinello lamenta que Cuba no produzca narradores de ese tipo o del tipo de los novelistas de la Revolución Mexicana, Mariano Azuela y Martín Luis Guzmán. Ya a fines de los cincuenta o principios de los sesenta creerá percibir una madurez realista de la narrativa cubana en novelas como *El acoso* de Alejo Carpentier, *La trampa* de Enrique Serpa y *Una de cal y otra de arena* de Gregorio Ortega (1977: 229: 242).

Es interesante observar, en los ensayos de Marinello de los cuarenta, cómo reaparece el hispanismo, pero desde una perspectiva más conservadora, ya desconectada de la experiencia republicana y vanguardista de los veinte o principios de los treinta. La lectura que hace Marinello de Picasso en 1942, por ejemplo, no tiene nada que ver con el cubismo y se concentra en leer al pintor como cifra de una hispanidad tradicional: Fray Luis de León y el Amadís de Gaula, Lope y Góngora, el Arcipestre y La Celestina (1977: 131-138). Nada es «tan raigalmente español como Picasso», dice Marinello, y enlaza, malabarísticamente, al Cid Campeador con el Guernica en una suerte de llamado de «una voz de la sangre» que se realiza a través de los siglos (1977: 136). Quien llamaba a huir del Siglo de Oro como quien huye del cautiverio regresaba ahora a los tópicos del panhispanismo noventayochesco.

Una operación similar a la de la hispanización de Picasso emprende Marinello en sus relecturas de José Martí en aquellas décadas. El artículo «Martí y Lenin» (1935), por ejemplo, esbozaba un paralelo desfavorable al poeta y político cubano, que por momentos era llamado «abogado de los poderosos», por haber cabildeado en Estados Unidos una política favorable a la independencia de Cuba (1935: 57-59). Luego, en los cuarenta, Marinello escribirá el ensayo «Españolidad literaria de José Martí» (1942), en el que intenta develar la «marca de España» en la poesía y la prosa de Martí, remitiendo al cubano, otra vez, a la matriz del Siglo de Oro (Gracián, Quevedo, Santa Teresa, Cervantes, el Arcipestre de Hita y hasta el Cid Campeador) (1977: 109-120). Al final, el ensayo intenta regresar a la «cubanidad» de Martí por medio de la que llama «tradición libertada», pero en buena medida lo que hace Marinello es restablecer el enunciado de la «hispanidad» en Martí subvalorando la reformulación de la misma que produjo el modernismo hispanoamericano a fines del siglo XIX. En su conocida polémica sobre el modernismo con Manuel Pedro González, en los sesenta, y en otros textos de esta década, Marinello corregirá esa idea conservadora de lo hispánico (1977: 283-320).

Lo curioso es que este conservadurismo cultural, en los cuarenta y los cincuenta, que se inclina a una doble defensa de lo «hispánico» y del «realismo socialista» de estirpe soviética, y que llegará a su apoteosis con la crítica al abstraccionismo plástico en su ensayo *Conversación con nuestros pintores abstractos* (1960), coincide con el momento de mayor pragmatismo político de Marinello y el partido comunista. En 1944, por ejemplo, al término del gobierno de Batista, en el que fue ministro y congresista, Marinello y su partido, ahora llamado Partido Socialista Popular, integró la coalición del candidato Carlos Saladrigas con liberales, demócratas e incluso el ABC, una organización tan combatida ideológicamente por los comunistas (Rodríguez Arechavaleta 2003: 332-333). En las siguientes elecciones, las de 1948, Marinello se presentó como candidato a la presidencia por el Partido Socialista Popular, en fórmula con el líder sindical Lázaro Peña, como candidato a la vicepresidencia. Perdió con 7.2% del sufragio.

En una esfera pública abierta y en un contexto democrático, Marinello y los comunistas cubanos, que sentían como suyo el orden constitucional de 1940, formaron parte del pluralismo político. Mientras hacían alianzas con partidos liberales debatían ideológicamente con el liberalismo y, también, con el catolicismo. Marinello, por ejemplo, defendió la educación pública durante la campaña «por una escuela cubana en Cuba libre», dirigida contra el avance de la instrucción religiosa, de colegios católicos, que ganó el apoyo de liberales laicistas como Fernando Ortiz y Emilio Roig de Leuchsenring (Báez 1995: 62-64). En un plano intelectual, las polémicas que la publicación literaria comunista *Gaceta del Caribe* sostuvo con la católica *Orígenes*, o los debates que el propio Marinello entabló con Gastón Baquero sobre el estado de la literatura cubana a mediados de los cuarenta son buenas muestras de esa tensión entre comunismo y catolicismo en la esfera pública republicana (Gutiérrez Coto 2005: 115-132).

Todavía en las elecciones presidenciales previstas para junio de 1952, Marinello y Peña repitieron la fórmula e intentaron establecer alianzas con otros partidos, pero fueron deliberadamente marginados por otras corrientes opositoras, como la de su ex aliado Fulgencio Batista y la del muy popular Partido del Pueblo Cubano (Ortodoxo) de Eduardo Chibás (Rodríguez Arechavaleta 2003: 277 y 290-292).

El anticomunismo en la Cuba de los cincuenta ascendía bajo los efectos del vecino macarthysmo de Estados Unidos, y la dictadura de Batista, instaurada en marzo de 1952, se inscribió en esa estrategia geopolítica. Los comunistas vieron fuertemente limitada su intervención en la esfera pública cubana, que había sido muy dinámica desde los años veinte. A pesar de arrestos e intervenciones de medios, los comunistas lograron mantener una voz en el debate público, como puede comprobarse en publicaciones como *Noticias de Hoy* o el mensuario *Mensajes*, que apareció entre 1956 y 1958, es decir, en los años de la guerra revolucionaria y de la mayor represión de la dictadura.

En *Mensajes*, por ejemplo, Marinello se opone a la idea de una «neutralidad» en la cultura, promovida por la política cultural del gobierno a través de su Instituto Nacional de Cultura, encabezado por Guillermo de Zéndegui, y denuncia la censura y la persecución, por razones ideológicas, de académicos e intelectuales (Marinello 1989: 244-249). Sin embargo, defiende siempre la necesidad de un debate ideológicamente plural, en el que intervengan católicos, liberales y marxistas, en pleno respeto a sus específicas orientaciones doctrinales. Lo que propone Marinello, en suma, es reemplazar la idea de neutralidad por la de diálogo o debate en el campo intelectual, ya que «la democracia es indispensable para que la cultura mantenga sus derechos y afirme sus logros» (1989: 248).

Un repaso de los textos de Marinello en *Noticias de Hoy* y *Mensajes* confirma su lealtad a la línea del Partido Socialista Popular, durante los años de la insurrección contra la dictadura de Batista. El importante intelectual y político comunista rechaza la dictadura, pero tampoco respalda la Revolución. El primer texto en el que Marinello muestra explícitamente su apoyo al movimiento revolucionario, encabezado por Fidel Castro en la Sierra Maestra, es de noviembre de 1958, poco después de las elecciones presidenciales organizadas por la dictadura, con el fin de intentar una sucesión presidencial que evitara el triunfo revolucionario. Marinello y los comunistas habían criticado esas elecciones desde que fueron convocadas, tal y como habían hecho en la contienda electoral anterior, la de 1954. En aquel texto de respaldo a la Revolución Marinello dirá que los intereses «del Ejército Rebelde y las fuerzas de Fidel Castro» coincidían con los «del movimiento obrero y popular» y con «los sectores más leales y democráticos de la lucha actual» (1989: 251).

En uno de los primeros números de la nueva época de *Mensajes. Cuadernos marxistas*, aparecido en septiembre de 1960, Marinello condensará la posición oficial del PSP frente al nuevo gobierno revolucionario:

> La victoria de la Revolución cubana es responsabilidad de cada uno de los integrantes de nuestro pueblo. Y la unidad para lograr tal victoria, camino obligado e ineludible. Escatimar un solo esfuerzo a la defensa y al avance de un movimiento libertador que es ejemplo y atención universales, linda con la traición. Desde luego que será necesario discutir y precisar las cuestiones que deben cristalizar la tarea unitaria… Como estableció la reciente y gran Asamblea Nacional del Partido Socialista Popular, hay que centrar en una sola gran fuerza la decisión nacional de culminar nuestra Revolución. No se trata de uniformar concesiones ni estilos ni de aprisionar en moldes prefabricados las fuerzas de nuestro quehacer cultural. Se trata en verdad de aunar todos los impulsos creadores en una confluencia patriótica, liberadora, revolucionaria. (1989: 257)

No fue Marinello el líder del viejo partido comunista mejor posicionado en las altas esferas del gobierno de Fidel Castro. Carlos Rafael Rodríguez, por ejemplo, quien permaneció varios meses en la Sierra Maestra, siempre tuvo ubicación de mayor peso e influencia. Pero su papel en la construcción de discursos e instituciones culturales e educativas del nuevo Estado no fue menor. En los sesenta, el veterano intelectual comunista hizo su aporte a la articulación de un relato sobre la historia cultural del siglo XX cubano, que arrancaba con las vanguardias de los veinte y desembocaba en la Revolución de 1959 (Marinello 1989: 260-265). La lealtad de Marinello al socialismo soviético, sin embargo, se tradujo entonces en una defensa del «realismo socialista» y en un aliento a la adopción, en la isla, de premisas, métodos y prácticas del socialismo real.

Varios artículos y ensayos de Marinello, a principios de los años setenta, defienden abiertamente el proceso de sovietización ideológica que vivió el socialismo cubano en aquella década (1989: 265-269 y 485-488). La idea del artista como soldado y del arte como arma de la Revolución, plasmada en el Congreso Nacional de Educación y Cultura de 1971, que marca el arranque del mal llamado «quinquenio gris», es frecuente en los textos de Marinello de los setenta[7]. Muchas de las prácticas normativas e intolerantes en la Cuba de aquellos años –homofobia, censura, estigmatización y represión de disidentes, dogmatismo, ortodoxia marxista-leninista...– encontraron legitimación en textos suyos.

Era inevitable que así fuera. Juan Marinello fue, desde 1935, un comunista profesional, leal a su partido. En el gobierno de Batista o en el Congreso, en el debate literario o en el político, siempre fue un seguidor disciplinado de la línea de aquella organización, subordinada a la estrategia global de Moscú. Al fundirse el viejo Partido Socialista Popular en la alianza revolucionaria que daría origen, en 1965, al nuevo Partido Comunista de Cuba, Marinello transfirió esa lealtad y esa disciplina a la nueva estructura de dirección, de la que formó parte, y a sus nuevos líderes, Fidel y Raúl Castro. En su conversación con Báez, Marinello demostraba una precisa comprensión del papel de Raúl Castro en la estructura del partido y el gobierno cubano, que es muy reveladora a la luz de lo que ha sucedido en la isla en la última década (Báez 1995: 164).

---

[7] Sobre el debate en torno al «quinquenio gris» y el dogmatismo cultural en Cuba, véase Desiderio Navarro (ed.) 2007.

En medio de esa lealtad y esa coherencia doctrinal, durante más de medio siglo de vida intelectual e intervención pública Marinello fue capaz de reservarse fisuras y heterodoxias personales. Todavía al final de su vida, a un año de la aprobación de la Constitución de 1976, que reproducía no pocas instituciones y conceptos del socialismo real, Marinello se atrevía a defender la inserción de los comunistas en la vida parlamentaria de la democracia republicana, entre 1940 y 1952, y elogiaba la Constitución de 1940, que, a su juicio, «incluía muchos preceptos progresistas» y que «en lo declarativo era la más avanzada del continente americano en aquel entonces» (1989: 59-60).

Este tipo de visiones históricas, así como aquella que reconocía el relativo desarrollo social y económico de Cuba, antes de la Revolución, muy común entre historiadores y economistas marxistas de la isla, como Raúl Cepero Bonilla o Manuel Moreno Fraginals, sonaban heréticas al nuevo nacionalismo revolucionario, construido ideológicamente al calor de los sesenta y articulado en torno a los líderes de la insurrección contra la dictadura. Lo mismo podría decirse de las distancias teóricas que Marinello marcaba, en relación con ese nacionalismo, cuando seguía insistiendo, aún en 1977, que José Martí era un pensador «idealista», aunque con gran sentido práctico, o que Fernando Ortiz «no era marxista y en absoluto revolucionario» o que Ramiro Guerra, fuente, en buena medida, del reformismo agrario de la Revolución, estaba «muy ligado a las fuerzas dominantes» del antiguo régimen (1989: 94-95 y 154-155).

Juan Marinello termina sus días encarnando el efecto ambivalente del marxismo-leninismo sobre la esfera pública y el campo intelectual cubano, en los años sesenta y setenta. Por un lado, su figura legitima y afirma la ortodoxia doctrinal, con todas sus consecuencias represivas para la cultura y la educación, la sociedad y el Estado cubanos. Por el otro, la médula ilustrada y laica, moderna y crítica de su ideología contribuye a remover los mitos y las idealizaciones de la historia oficial de la Revolución cubana, edificados, en muchos casos, en perfecta continuidad con el relato tradicional de la historiografía nacionalista del periodo republicano. Juan Marinello y otros marxistas y comunistas de su generación, en Cuba y América Latina, dejan ese doble legado de dogmatismo y secularidad.

V.
Poesía de imperio

El Caribe ha sido –y ha sido pensado como– una región históricamente marcada por la rivalidad imperial entre potencias atlánticas y por los grandes desplazamientos humanos de la trata esclavista, la inmigración europea y las diásporas contemporáneas. Una zona de islas y costas, litorales y archipiélagos, que en los tres últimos siglos pasó de la experiencia de plantaciones coloniales a la construcción de naciones soberanas o semisoberanas, repúblicas o entidades neocoloniales, que involucró a sus ciudadanías en un proceso limitado y conflictivo de dotación de derechos civiles y políticos.

Existe una delineable tradición de pensadores del Caribe que ha traducido esa experiencia a partir de figuraciones de la guerra. En la obra de Frantz Fanon, C. L. R. James, Roberto Fernández Retamar, Juan Bosch, José Luis González, Gerard Pierre Charles o Edouard Glissant es posible rastrear una idea del Caribe como lugar de choque entre dominación y resistencia, imperios y colonias, dictaduras y revoluciones, nacionalismos letrados y nacionalismos populares. En diálogo, pero también en diatriba con esa tradición intelectual es posible advertir otra, que ha preferido pensar el Caribe como lugar fronterizo, marcado por lógicas de comunicación y permeabilidad. Tres pensadores cubanos del Caribe, Fernando Ortiz, Jorge Mañach y Antonio Benítez Rojo, podrían ubicarse en dicha tradición, a la que no sería difícil asimilar también poéticas de la historia como las de Derek Walcott en *La voz del crepúsculo* o V. S. Naipaul en algunos de sus ensayos o ficciones.

Las fisuras y armonías entre ambas tradiciones podrían ilustrarse con la aguda observación de Arcadio Díaz Quiñones a propósito de las dificultades para descifrar el sentido de la guerra en una visión del Caribe como caos o carnaval en *La isla que se repite* de Benítez Rojo[1]. Si esa dificultad es tal en un ensayo ubicado en la perspectiva postmoderna, como aquel libro de 1989, más lo es en textos como *Contrapunteo cubano del tabaco y el azúcar* (1940) de Ortiz o *Teoría de la frontera* (1961) de Mañach, instalados en el paradigma panamericano del republicanismo y el liberalismo anteriores o contemporáneos a la Guerra Fría.

El estudio de las traducciones de la literatura norteamericana en Cuba, entre los años veinte y sesenta del pasado siglo, parece plantear el reto, no de una síntesis, pero sí de una yuxtaposición de ambas tradiciones que permita pensar la guerra en el diálogo y el diálogo en la guerra. Si Ortiz, en su *Contrapunteo*, proponía entender la transculturación como un proceso de contactos, cruces y superposiciones étnicas y migratorias, Mañach, en *Teoría de la frontera*, hablará de las fronteras como «confines» o «linderos», que crean un tercer espacio a través de la interlocución y el roce. Para Mañach era evidente que las fronteras están determinadas por la «tensión y el desequilibrio entre poderes» –llámeseles estados, iglesias, naciones–, pero la función dialógica de las mismas hace de la cultura un territorio permanentemente intervenido por la afirmación de las identidades[2].

Entre el Modernism y el Harlem Renaissance

Una historia intelectual de la traducción de la literatura o, específicamente, de la poesía norteamericana en Cuba, en la primera

---

[1] Véase Díaz Quiñones 2007: 1-17 y Benítez Rojo 1996: XIII-XVIII.
[2] Véase Ortiz 1965: 98-103 y Mañach 1970: 42-50 y 133-137. También Santí (ed.) 2002: 81-93.

mitad del siglo XX, debe partir de la construcción de un contexto cultural, marcado por la experiencia de una nación postcolonial en el Caribe hispano que, como otras de la región, procesa a su manera la hegemonía económica y política de Estados Unidos. Como han estudiado Louis A. Pérez Jr. (1999: 60-95) y Gustavo Pérez-Firmat (2010: 23-52), la cultura cubana anterior a la Revolución de 1959 es incomprensible sin el avatar de la intimidad con Estados Unidos y sin los múltiples traslapes de la representación de lo norteamericano en Cuba y de lo cubano en Norteamérica.

El campo intelectual de la isla experimentaba, desde los años veinte, una vertiginosa articulación de discursos y prácticas nacionalistas. Las revistas culturales fueron una plataforma clave de aquel proceso de imaginación de una comunidad postcolonial en el Caribe hispano. Las intensas políticas de traducción de poesía norteamericana que esas publicaciones emprendieron en el corto lapso de tres décadas nos colocan frente a un archivo que es preciso releer e interrogar. Un archivo que da cuenta de la recepción, en Cuba, de las principales voces del modernismo americano (T. S. Eliot, Ezra Pound, Wallace Stevens, William Carlos Williams…), los poetas afro-americanos del Harlem Renaissance, especialmente Langston Hughes y Countee Cullen, y que, entre los años cincuenta y sesenta, se abre a la ruptura con el modernismo que inician W. H. Auden, Dylan Thomas, la Beat Generation, la nueva vanguardia negra y la narrativa del «New Journalism».

Una primera publicación donde indagar la recepción de la poesía norteamericana en Cuba es la *Revista de Avance* (1927-30), editada por Jorge Mañach, Francisco Ichaso, Juan Marinello, Martín Casanovas, Alejo Carpentier y José Zacarías Tallet. La figura central de aquella revista fue Mañach, quien publicó en todos los números y redactó sus principales editoriales, seguido de lejos por Ichaso y Marinello (véase Ripoll 1964 y Manzoni 2001). Mañach había estudiado en Harvard a principios de los veinte, donde, como Eliot y Stevens, entró en contacto con las ideas del filósofo norteamericano, de ascendencia española, George Santayana. Fueron varios los traductores del inglés, en *Revista de Avance* (Pedro Henríquez Ureña, Lino Novás Calvo, Eugenio Florit, José Manuel Valdés Rodríguez…), pero el artífice de aquella estrategia de traducción fue Mañach.

Los editores de *Avance* eran todos críticos del intervencionismo de Estados Unidos en América Latina, especialmente en el Caribe, luego de la guerra de 1898 con España, y algunos de ellos, como los comunistas Marinello y Tallet, se autodenominaban «antimperialistas». Desde los primeros números de 1927, *Avance* se dio a la tarea de traducir a novelistas y dramaturgos, como Waldo Frank, Sherwood Anderson, Theodore Dreiser, Thomas Hardy, Sinclair Lewis, Thornton Wilder, Katherine Anne Porter o Eugene O'Neill, en los que leían denuncias del individualismo, la desigualdad y el racismo en Estados Unidos. Entre todos esos escritores, fue Waldo Frank quien logró una mayor presencia en *Avance*, una publicación que dedicó monográficos sólo a dos personalidades de las letras americanas: el marxista peruano José Carlos Mariátegui y el humanista norteamericano Waldo Frank.

Todos los editores de *Avance*, y especialmente Mañach, eran grandes conocedores y admiradores de las crónicas de Martí sobre Nueva York y de la literatura y la política norteamericanas de fines del xix. En la lectura que Martí hizo de Emerson, Thoreau o Whitman encontraban una estrategia de traducción por la cual un discurso naturalista y humanista era transformado en plataforma de crítica del expansionismo, el racismo y la corrupción de la democracia en Estados Unidos. Algo similar intentaba Mañach con las traducciones de Santayana, cuyos diálogos sobre Avicena, traducidos por él mismo (1927a), y el ensayo «Aversión al platonismo», traducido por Pedro Henríquez Ureña (1927b), eran presentados como interpelaciones del materialismo norteamericano. Santayana, lo mismo que Frank, servía a Mañach para poner a dialogar la literatura y el pensamiento de Estados Unidos y España, un dilema de frontera cultural entre catolicismo y protestantismo, espiritualidad y materialismo que, como a muchos intelectuales post-arielistas, lo obsesionó siempre. La narrativa de Frank o la de Dreiser se le parecían a la de Pío Baroja en España y el pensamiento de Santayana tenía, a su juicio, fuertes conexiones con Unamuno u Ortega. Algunas de aquellas primeras traducciones de norteamericanos en *Avance* aparecieron, por cierto, ilustradas con dibujos de rascacielos de Manhattan realizados por el artista Gabriel Fernández Ledezma (1927: 217).

La presencia de la poesía modernista, si bien no tan clara como la de la prosa, cumplía una función distinta en *Avance*. Poetas como Ezra Pound y Wallace Stevens eran traducidos para reforzar la idea de un vanguardismo moderado o conservador –si vale el oxímoron–, establecida por Mañach desde los primeros números de la revista, y para contrarrestar, en parte, la presencia de la poesía negrista de Nicolás Guillén, Regino Pedroso, Emilio Ballagas y otros poetas de los veinte, que impulsaban los editores más cercanos al comunismo, especialmente Marinello y Casanovas, y en menor medida Carpentier, que llegaría a simpatizar con el ABC. Ya desde el editorial «Vanguardismo», de uno de los primeros números de 1927, Mañach había llamado a abandonar el culto a la «novedad por la novedad» y el «ismo» de la vanguardia, como un «trivium dejado atrás» (1927: 2-3). En noviembre de 1929, con la traducción de «Energética literaria» de Pound, *Avance* se posicionaba a favor de una vanguardia clasicista en poesía.

«Energética literaria» era una traducción de los primeros fragmentos del ensayo *How to Read* de Ezra Pound, que apareció en tres partes en *The New York Herald Tribune*, en la segunda quincena de enero de 1929. Esa traducción al español, como la del fragmento del ensayo «Note on the Art of Poetry» de William Carlos Williams, apareció en la revista cubana antes de que sus respectivos autores reunieran aquellos textos en un volumen en inglés. Lo mismo sucedería con el poema «Discurso académico en La Habana» de Wallace Stevens, traducido de la primera versión publicada del mismo, «Discourse in a Cantina at Havana», que apareció, primero, en la revista *Broom*, en 1923, y luego, con el título definitivo en *Hound and Horn*, en 1928, de donde lo tomó Mañach, y que finalmente en 1936 Stevens reunió en su cuaderno *Ideas of Order*.

El ensayo de Pound, que como el de Williams o el poema de Stevens tendría su primera traducción universal al español en *Avance*, partía de una crítica a la idea de «novedad» u «originalidad» en poesía, confirmada en la intuición de T. S. Eliot sobre el «poeta como anticuario», en prólogo a la primera edición de *Selected Poems* de Pound, en Faber en 1928. La conocida máxima de Pound era traducida de esta forma: «la gran literatura es sencillamente lenguaje cargado de significación hasta el último grado posible» (Pound 1929a: 308). Sólo que esa carga de significación o «energética literaria» tenía que ver más con la «precisión», «exactitud», «claridad» y «eficacia» del lenguaje que con la experimentación formal (1929a: 307-308). Por eso, en su clasificación universal de los escritores («inventores, maestros, diluidores, gran masa de hombres escribientes, belle letristas e iniciadores de locuras»), los menos eran los primeros, los inventores, entre los que Pound reconocía, únicamente, a Arnaut Daniel, Guido Cavalcanti y los precursores «desconocidos» de Homero (1929a: 308-309).

En el pasaje sobre la prosa de «Energética literaria», Pound comenzaba advirtiendo que la única diferencia entre lo poético y lo prosaico era que el «lenguaje de este último estaba mucho menos altamente cargado» (1929b: 337). Y aunque Pound arrancaba con un elogio de Gustave Flaubert –«quien por su fuerza arquitectónica logra alcanzar una intensidad comparable a Villon»–, rápidamente se despedía de los modernos y regresaba a los antiguos griegos (Homero y Safo, sobre todo, ya que Esquilo le parecía «retórico»), los romanos (Catulo, Ovidio y Propercio, no tanto Horacio, «sin raíz», o Píndaro o Virgilio, «sin la menor compunción») y, finalmente, a la Edad Media, especialmente, a Cavalcanti y al Dante (1929b: 338). Después del

Medioevo, a la prosa, según Pound, le costó trabajo «volver en sí» (1929b: 340). Algo hubo en Maquiavelo, en Rabelais o en Montaigne, pero a medida que la ficción comenzó a desplazar a la poesía en el mundo moderno, la literatura empezó a perder energía y a ganar «floritura» (1929b: 340 y 348).

Aquella vuelta de Pound al clasicismo antiguo y medieval, a los cantares provenzales y a la lírica de los güelfos era leída por Mañach, Ichaso y otros editores de *Avance* en clave latinista y hasta castiza, como una afirmación de las raíces castellanas de la cultura cubana. Es en ese sentido que puede afirmarse que Pound, como algunos poetas de la Generación del 27 –no Lorca o Alberti, desde luego– actuaba como un referente compensatorio del afrocubanismo en la revista. Esa tensión entre poéticas civilizatorias de lo hispano o lo latino, por un lado, y lo africano o lo caribeño, por otro, puede leerse también en las reseñas que *Avance* dedicó a los poetas negros del Harlem Renaissance, como Langston Hughes y Countee Cullen, firmadas o no por Mañach.

En la reseña de *The Weary Blues* y *Fine Clothes to the Jew*, Mañach observaba una transición entre un cuaderno y otro y entre una «poesía más que blanca, transparente, caracterizada por una sobriedad y una elegancia extrema», y otra poesía «dos veces poesía de raza, amarga y lamentatoria, poesía de negro herido y acosado», que, sin embargo, dejaba ver la «dolorida fatiga y la ironía honda del *blues*» (Mañach 1930: 187-188). Esta preferencia por la poesía no negra de Hughes fue expuesta por los editores de *Avance* en otra nota sobre el poemario *Copper Sun* de Countee Cullen, no firmada, pero probablemente escrita por Mañach. Luego de enredarse en expresiones de regusto evolucionista como «impulsos negros endógenos disciplinados» o «delicados matices del intelecto emocionalizado», el autor introduce un sintomático paralelo entre Hughes y Cullen:

> A veces Cullen es el obvio poeta negro, sentimentalizado acerca de sí mismo y de su gente, pero lo admirable en *Copper Sun* es, precisamente, la evidencia directa de que el poeta sabe trascender una y otra

vez aquella limitación, logrando una lírica muy pura. Queremos decir que sus mejores poemas no sugieren al poeta negro descriptivo, como la obra de un Mark Van Doren no revela al «poeta blanco». En esto no se parece Cullen a Hughes, por ejemplo, que resulta siempre el «poeta de color». Ciertamente no tiene un sentido peyorativo el decir que un escritor es el poeta de su raza, pues eso es lo que fue Walt Whitman y lo que es William Butler Yeats: pero hay un callejón sin salida en el cual no debe penetrar la mente libérrima del poeta. (Cullen 1927: 318)

El prejuicio de Mañach hacia la poesía negrista, de Hughes o de Guillén, tenía que ver, desde luego, con una ortodoxia republicana que recelaba de la afirmación de sujetos y poéticas raciales, pero también con una ideología estética, que limitaba la amplia dimensión sonora de la poesía y que encontraba ecos en el modernismo norteamericano. Pound y Eliot, como es sabido, le dieron mucha importancia a la música dentro de la poesía. El primero, en el pasaje de *How to Read* traducido en *Avance*, apostaba por una articulación o un equilibrio entre melopeya, fanopeya y logopeya, es decir, entre el ritmo, la imagen y el concepto. El segundo entendió lo musical en poesía a partir de sonoridades sinfónicas o de cámara, muy ajenas a una música popular, como el *blues* de Hughes o los sones de Guillén[3].

La literatura norteamericana que interesaba en *Avance* funcionaba como una exposición de los modelos estéticos a seguir, pero también como un inventario socorrido de representaciones de Cuba, el Caribe, América Latina o España. La centralidad de Waldo Frank en la revista, que le dedicó un homenaje en vida, tenía que ver con ambas cosas, aunque siempre fuera leído más como ideólogo que como novelista. Lino Novás Calvo tradujo a un novelista olvidado de la misma «generación perdida», James Gould Cozzens, autor de una novela de tema cubano, *The Son of Perdition* (1929), y reseñó muy elogiosamente *Manhattan Transfer* de John Dos Passos (véase

---

[3] Véase, por ejemplo, «The Music of Poetry» (Eliot 2009a).

Gould Cozzens 1929 y Novás Calvo 1929). Katherine Ann Porter atraía por sus contactos con el mundo de la magia en Cuba, el Caribe y México (Porter 1929). Hasta un autor poco relacionado con América Latina, como Eugene O'Neill, era presentado por Jorge Mañach (en O'Neill 1928) como un «escritor que debieran conocer todos los cubanos alertas» por la «intensa nota de interpretación tropical» que introducía el «drama de mar en un acto», «En la zona», perteneciente a su serie *Moon of the Caribbees*, de 1919.

Si en poesía *Avance* se acercaba al *modernism*, en narrativa prefería el naturalismo o el realismo social de Theodore Dreiser, a quien Mañach atisbaba como un Baroja americano. En una elogiosa semblanza de Dreiser escrita por Sherwood Anderson se hablaba de la «monotonía» y de la «falta de amor por las palabras» del autor de *Una tragedia americana*, pero no como defectos sino como virtudes (Anderson 1927: 115). El valor literario de Dreiser, según Anderson, residía en una noción instrumental o metaliteraria de la prosa, dirigida a captar, «sin ingenio pero con ternura», la realidad del norteamericano común y corriente (1927: 116). Esa dimensión populista de la mirada de *Avance* a la literatura de Estados Unidos se reflejó también en el gusto por la crítica de Henry Louis Mencken, objetor del sajonismo y de la aristocracia protestante, que caía en el terreno fértil del arielismo y el antimperialismo de los editores de la revista (véase Mencken 1927), e incluso en algunas ilustraciones de motivos newyorkinos de la publicación, como las de Gabriel García Moroto, en el número cuarto de 1929, que reprodujo escenas del metro de Manhattan, de mujeres modernas en los cafés y de empresarios y banqueros judíos en las calles.

La escuela de Stevens

El desencuentro de poéticas cubanas y norteamericanas, enmarcado en la recepción del modernismo y el realismo en la isla, no podría entenderse sin la publicación a fines de 1929, en *Avance*, del poema de Wallace Stevens «Discurso académico en La Habana». Allí Stevens proponía la estampa idílica de una Habana de canarios y ruiseñores, orquestas y casinos, parques y estanques, que cuestionaba el sentido de ciertas prácticas primordiales de la civilización occidental como el mito, la política o la poesía. Sugería Stevens que en una nación tropical como Cuba –«una parodia de maní para gente de maní»– los «mitos serenos» pasaban y abandonaban la ciudad, como los circos y la política, que «ordenaba la imaginación como funesto pecado». Para Stevens aquella isla no tenía necesidad de «importar la sustancia universal del mundo», ni entender a Occidente como una «fantasía de insomnes». Stevens intentaba formular la función del poeta en aquel paraíso, por medio de una pregunta y una larga respuesta:

> La función del poeta es aquí mero sonido,
> Más sutil que la más historiada profecía
> Para rellenar el oído? Ella le lleva a hacer
> Su repetición infinita y sus amalgamas
> Del más selecto ébano y del mejor alción.
> Le lastra de exacta lógica para los remilgados.
> Como parte de la naturaleza es parte nuestra.
> Sus rarezas son nuestras: puede ella acceder
> Y reconciliarnos con nosotros mismos en esas
> Reconciliaciones verdaderas, oscuras, pacíficas palabras,
> Y las sabias armonías de su cadencia.

Y concluye Stevens su visión de Cuba, en traducción de *Avance*:

> Todo esto es más viejo que su más viejo himno
> Y no tiene más significado que el pan de la mañana.
> Pero dejad al poeta que en su balcón
> Hable y los que duermen se moverán en su sueño,

Se despertarán y contemplarán la luna en el piso.
Esto puede ser bendición, sepulcro y epitafio.
Puede, sin embargo, ser
Un encantamiento definido por la luna
–por mero ejemplo– opulentamente clara.
Y el viejo casino también puede definir
Un encantamiento infinito de nuestro ser
En la gran decadencia de los cisnes muertos.
(Stevens 1929: 328)

La crítica no ha reparado lo suficiente en el hondo efecto que produjo la traducción de este poema en la vida literaria cubana. La marca de esa lectura, por asunción o rechazo, ya se percibe en algunos poetas que comienzan a darse a conocer entre fines de los años treinta y principios de los cuarenta, como José Lezama Lima, Gastón Baquero y Virgilio Piñera. En su *Coloquio con Juan Ramón Jiménez* (1938) y en *Muerte de Narciso* (1937), dos de las primeras publicaciones de José Lezama Lima, e incluso en composiciones de madurez como «Pensamientos en La Habana» y «Rapsodia para el mulo», se abordan algunos temas del poema de Stevens: el Caribe, la música, el baile, la isla y su tiempo, los mitos de la nación y la función de la poesía. Los mismos temas de los primeros cuadernos de Gastón Baquero y Virgilio Piñera, *Poemas* (1942) y *La isla en peso* (1943), aunque enfrentados de manera radicalmente distinta.

El interés de estos escritores en la poesía norteamericana y, específicamente, en el *modernism*, comenzó a percibirse desde la revista *Espuela de plata* (1939-1941), donde aparecieron una traducción de Eliseo Diego y Cintio Vitier del poema «El trompetero místico» de Walt Whitman y otra de «The Hollow Men» («Los hombres huecos. Una monedita»), el apocalíptico poema de T. S. Eliot inspirado en los veteranos de la Primera Guerra Mundial, por Gastón Baquero (Eliot 2002). También de Eliot tradujo Baquero un fragmento del poema «La Roca» para la revista *Clavileño*, en el que se leía el lamento por la irreligiosidad y el desencanto en las ciudades modernas: «Y la Iglesia no era deseada, / Ni en campo ni en suburbio; / y la ciudad tan sólo la quería. / Para efectuar las bodas importantes» (Eliot 2009b: 87). Whitman y Eliot acababan catolizados en las versiones de Baquero, Vitier y Diego.

Significativamente, en la más católica de las revistas de Lezama, *Nadie parecía. Cuaderno de bello con Dios* (1942-44), la poesía anglófona que más se tradujo fue la británica, no la norteamericana. Lezama tradujo un fragmento de la famosa crítica de William Butler Yeats sobre Eliot, recogida en *The Oxford Book of English Verse*, en la que se describía el arte poético del autor de *The Waste Land* como «gris, frío y estéril», que producía «sus efectos por una repulsa de todos los ritmos y metáforas usados por los más populares románticos, antes que por el descubrimiento de su yo» (Yeats 2006: 71). La traducción de Lezama seguía a un poema ultracatólico del cubano, titulado «Sacra, Católica Majestad», lleno de referencias apostólicas y monárquicas. La crítica de Yeats, que reprochaba la irreligiosidad de la poesía de Eliot, de su «protestantismo por descendencia de Nueva Inglaterra», era un cuestionamiento sinecdóquico de todo el modernismo americano (2006: 71).

Yeats puso a circular entre los origenistas aquella idea de un Eliot mundano, que describía «hombres y mujeres entrando y saliendo de la cama por mero hábito», cuya «modesta llaneza», «rítmica insipidez» o «monotonía de acento» podían tener el «atractivo de la novedad» pero no lo hacían –a Eliot– un heredero de Shakespeare o de «los traductores de la Biblia» (2006: 71). Para Yeats, Eliot tenía más valor como «satírico» o como el escritor dramático de *Asesinato en la catedral* que como poeta. «Los hombres huecos» –traducido por Baquero– o «Miércoles de ceniza» eran preferibles a *The Waste Land* y otras grandes composiciones líricas porque recurrían al «verso corto», lo que le otorgaba cierta «animación rítmica» (Yeats 2006: 71).

Aquella invectiva debió provocar la defensa de Eliot y, en general, de todo el modernismo norteamericano en el último número de *Nadie parecía*, en marzo de 1944, por medio de la traducción del ensayo «La ilustración poética» del poeta, crítico y estudioso del cine, Parker Tyler, que tradujo José Rodríguez Feo. Allí se trazaba una línea ascendente de la poesía norteamericana, entre Poe y Whitman en el siglo xix, hasta Marianne Moore, William Carlos Williams, E. E. Cummings y Charles Henry Ford, que alcanzaba su mayor esplendor con Ezra Pound y T. S. Eliot. Tyler sostenía que la renovación lírica que Pound y Eliot habían impulsado en Estados Unidos se debía a que ambos habían roto con el insularismo americano: el primero por medio del contacto con Grecia, Italia y China, y el segundo a través de su diálogo con la poesía británica y francesa (Tyler 2006: 125).

Desde las primeras cartas de 1944 que el entonces joven estudiante de Harvard José Rodríguez Feo envió a Wallace Stevens, recogidas por Beverly Coyle y Alan Filreis en el volumen *Secretaries of the Moon* (1986), el cubano habla al norteamericano sobre la importancia de la lectura del «Discurso académico en La Habana», traducido por Mañach, entre los jóvenes poetas cubanos, y lo invita a colaborar en *Orígenes*, desde el número inicial de la revista, en 1944, convencido de que el «poeta ejecutivo» estaba interesado en Cuba. Para Rodríguez Feo era indudable que había una atmósfera cubana en la poesía de Stevens, legible en poemas como «The Cuban Doctor» o «The Emperor of Ice Cream» de *Harmonium* (1923), su primer poemario, que habían sido escritos durante un par de viajes del poeta a Cuba a principios de los veinte (en Coyle & Filreis 1986: 1-31, 51-55, 109-110, 163-164, 185-187).

La amistad de Rodríguez Feo y Stevens fue la puerta de acceso del modernismo norteamericano al espacio literario cubano y a una de las mayores intervenciones en la literatura de Estados Unidos desde Hispanoamérica. Rodríguez Feo, otro *harvardian*, inició su proyecto de traducción en *Orígenes* de un modo similar a Mañach en *Avance*. Su ensayo «George Santayana: crítico de una cultura», aparecido en uno de los primeros números de la revista, puede ser leído como la exposición de ese proyecto, que inicialmente se planteaba más en continuidad que en quiebre con *Avance*, pero que muy pronto dio lugar a una nueva ruptura. Santayana, como en el siglo xix Thoreau y Emerson, representaba la reacción del humanismo, el naturalismo y el trascendentalismo contra la modernidad norteamericana. Una reacción, en su caso, alimentada por el choque de dos matrices culturales: la hispano católica y la sajona protestante (véase Rodríguez Feo 1944).

La correspondencia con Stevens inclinó a Rodríguez Feo a dar entrada en *Orígenes* a la corriente central del modernismo, especialmente a Eliot, a quien veía como un exiliado de Estados Unidos en Londres, aunque descartando a Pound, otro exiliado que, en sus palabras, había elegido la «opción menos sana del fascismo» (Rodríguez Feo 1944: 37). Aunque de Stevens aparecieron cinco poemas –«Unidad de las imágenes», «El caos móvil e inmóvil», «La casa y el mundo en calma», «Conversación con un hombre silencioso» y «Tentativa por descubrir la vida»–, además de un ensayo fundamental para la crítica de arte en la revista, «Las relaciones entre la poesía y la pintura», el escritor norteamericano más traducido y mejor posicionado en *Orígenes* fue T. S. Eliot[4]. De éste se tradujeron, íntegros, los dos primeros de los *Four Quartets*, «East Cocker» y «Burnt Norton», más el importante estudio «Los cuartetos de Eliot», el más extenso ensayo aparecido en la revista, de Francis O. Mathiessen, profesor de Rodríguez Feo en Harvard[5]. Aquella fue la revancha de Eliot en La Habana, luego de la crítica de Yeats traducida por Lezama en *Nadie parecía*[6].

---

[4] *Orígenes* II (8), invierno de 1945: 61-64; *Orígenes*, II (12), invierno de 1946: 282-283; *Orígenes* V (30), 1952: 357-365.

[5] *Orígenes* II (9), primavera de 1946: 135-141; *Orígenes* IV (22), verano de 1949: 188-193.

[6] Las traducciones de Eliot, Stevens y Tate en *Orígenes* se estudian en detalle en Clair Lesman 2005. Véase también el análisis general sobre las estrategias de traducción de la revista en Kanzepolsky 2004.

La presencia del modernismo anglo-americano en *Orígenes*, que incluyó también la edición bilingüe de «The Bitter World of Spring» de William Carlos Williams –primicia editorial en ambas lenguas– y un par de versiones al español de dos poemitas de Dylan Thomas, «Amor en el asilo» y «Yo me siento mudo», realizadas por Max Henríquez Ureña, fue lo suficientemente sólida como para provocar la reacción del ala más hispanizante y católica de la revista, encabezada por Cintio Vitier[7]. En varias notas y reseñas aparecidas en *Orígenes* entre 1952 y 1954, coincidiendo con el momento de conversión católica de Vitier y su aproximación a escritores conservadores franceses como Jacques Riviere y Paul Claudel, se abre paso una crítica al modernismo americano, basada en el rechazo al exceso de ironía, descreimiento y escepticismo que se atribuía al pensamiento y la poesía de Estados Unidos.

A pesar de que en el ensayo de Mathiessen sobre Eliot y en los dos cuartetos de éste traducidos en *Orígenes* se planteaban ideas como la de la integración del tiempo o la del rol simbólico de la «encarnación cristiana» en la historia religiosa y poética de la humanidad, que tenían mucho que ver con Lezama, éste último también rechazaría, en los cincuenta, una idea de la cultura demasiado apegada a la forma poética del drama, a la reverencia al clasicismo y a la natural gravitación hacia referentes anglosajones como Shakespeare y Milton, Johnson y Swinburne, Marwell y Dryden[8]. No desconocía Lezama las lecturas que Eliot hizo de Virgilio y Dante, pero su apuesta por el barroco católico de España y América Latina, que leemos en *La expresión americana* (1957), tenía mucho de controversia con el clasicismo y el anglicanismo de Eliot.

Es cierto que, en una temprana nota de sus *Diarios*, de 1939, Lezama había rechazado las críticas académicas a Pound por su

---

[7] *Orígenes*, I (3), otoño de 1944: 133; *Orígenes* VII (38): 268-269.
[8] *Orígenes*, I (2), verano de 1944: 307-309.

«impresionismo sinfónico», ya que si se «considera la cultura del poeta como un arsenal cuantitativo, la única unidad posible es la de ese impresionismo sinfónico» (1994b: 32). También es cierto que Lezama utilizó con frecuencia el ejemplo de Eliot para defender la idea de una poesía hermética e idealizó la amistad entre Eliot, Pound y Joyce como una de las mayores venturas de la lengua inglesa. Pero su elección a favor del «método crítico de acercarse a la ficción de Curtius», por sobre el «método mítico de Eliot», colocaba a Lezama en una posición discordante frente a la religión, los mitos y la poesía (Lezama Lima 1957: 20). Eliot era, según Lezama, un «crítico pesimista de la era crepuscular» porque creía que «la creación fue realizada por los antiguos y que a los contemporáneos sólo nos resta el juego de las combinatorias» (1957: 19). Aun así, siempre que pudo, Lezama se refirió con orgullo a las colaboraciones de Eliot en *Orígenes*, negociadas todas personalmente por Rodríguez Feo.

La más clara impugnación del modernismo americano en *Orígenes* se plasmaría en el ensayo sobre George Santayana de Humberto Piñera Llera, en 1953. Allí Piñera Llera, hermano y rival de Virgilio Piñera, presentaría a Santayana y a buena parte de la filosofía y la poesía norteamericanas como un mundo inasimilable desde la cultura católica hispana, por su defensa del pragmatismo, el escepticismo y el agnosticismo. Santayana, según Piñera Llera, no representaba la «simbiosis entre razas», como lo había presentado Rodríguez Feo al inicio de *Orígenes*, sino la entrega a una cultura materialista y descreída que, curiosamente, tenía su origen en pensadores no norteamericanos como el «español» Séneca, el «francés» Montaigne y el «judío» Spinoza. De ellos tres se derivaba la «no adhesión total a nada ni a nadie, la innata y sistemática desconfianza para con todo y todos»[9].

---

[9] *Orígenes* VI (33), 1953: 287-293.

De Auden a la Beat Generation

La fractura de *Orígenes*, a mediados de los años cincuenta, entre una corriente nacionalista católica, impulsada por José Lezama Lima y Cintio Vitier, y otra crítica de ese nacionalismo, desde diálogos con el existencialismo y el psicoanálisis, encabezada por José Rodríguez Feo y Virgilio Piñera, además del cisma entre dos generaciones de escritores españoles, la de Juan Ramón Jiménez y la de Jorge Guillén, involucró esta disputa por la recepción del modernismo norteamericano en Cuba. En la revista *Ciclón*, armada por Rodríguez Feo y Piñera, luego del cierre de *Orígenes*, observamos la persistencia del diálogo con la literatura norteamericana, a través de las traducciones que allí se publicaron de Dylan Thomas y W. H. Auden, quien llegó a aparecer en uno de los números de *Orígenes* que Rodríguez Feo editó en solitario[10]. La observación de Mathiessen, a propósito de la presencia de giros conversacionales en Eliot y el modernismo, se confirma en este interés por la poesía coloquial norteamericana de los cincuenta, en *Ciclón*.

El estado de la poesía norteamericana en Cuba, al que se enfrentó *Ciclón*, no sólo estaba consagrado por *Orígenes* sino por la mayor autoridad en la materia: el profesor del Barnard College, de la Universidad de Columbia, Eugenio Florit. En marzo de 1954, Florit había enviado a la imprenta de la Unión Panamericana de Washington una antología de la *Poesía norteamericana contemporánea* (1955), que se imprimió al año siguiente, en México, mientras se fracturaba *Orígenes*. Florit tradujo a 38 poetas de Estados Unidos, en la primera mitad del siglo XIX, entre Edgar Lee Masters y Edwin Arlington Robinson, los dos mayores nacidos en 1869, y Robert Lowell y Richard Wilbur, nacidos en 1917 y 1921 respectivamente. Y aunque Florit concibió su mapa de la poesía norteamericana para un público hispanoamericano –no

---

[10] *Orígenes* VI (35), 1954: 393-394.

en balde el libro fue editado por la que entonces funcionaba como Secretaría General de la OEA, fundada en 1948–, sus discernimientos y preferencias reflejaban en buena medida la política de traducción emprendida, desde La Habana, por la revista *Orígenes*.

Ante el dilema de establecer quién era la figura central del modernismo norteamericano, Florit, como Lezama, se inclinaba con reservas por Pound y Eliot, y restaba importancia a Wallace Stevens y William Carlos Williams. Estos últimos se ubicaban en la estela del «imaginismo» creado por Pound, mientras que Stevens «lograba la poesía por concentración, en ambigüedad, medios tonos y sordina». Las dos cumbres del modernismo norteamericano, según Florit, eran Pound y Eliot, pero su valoración de ambos estaba llena de reservas morales, políticas, religiosas y estéticas. El primero, a su juicio, «carecía de dominio propio», era «una fuerza poética tan egocéntrica y egoísta que lo llevó a la más antipática posición política y…, a la vida al margen de la ley en un hospital de dementes». El segundo, quien había refundado la poesía en lengua inglesa –como Claudel en Francia, Rilke en Alemania, D'Annunzio en Italia y Rubén Darío y Juan Ramón Jiménez en Hispanoamérica–, gracias a su asimilación eficaz del simbolismo, era, al gusto de Florit, «falto de una verdadera emoción, gris, frío y seco» (Florit 1955: 15-23).

La autoridad que citaba Florit para sostener su crítica era la misma que la de Lezama: William Butler Yeats, aunque en la versión referida en el ensayo *Axel's Castle* (1931) de Edmund Wilson y no la traducida en *Nadie parecía*. De ahí que volviera a postularse el distanciamiento católico del anglicanismo de Eliot y de buena parte de la poesía norteamericana en la frase de Florit sobre la «poca entrega en su relación personal con Dios y con el alma» o en el rechazo al carácter mundano del poeta que, «toca todo con su varita inmágica convirtiéndolo a su propia actitud…, poco humana» (Florit 1955: 15-23). Sin embargo, al parecer de Florit, lo que lastraba a la nueva generación de poetas angloamericanos, que personificaba Auden, no era tanto el magisterio de Eliot como el de Pound. Aquella «carencia de forma» y de «dominio propio», generada por el culto al yo, era el origen de lo que Florit entendía como una decadencia en la poesía anglófona de los cincuenta.

Los editores de *Ciclón* partían del diagnóstico contrario. Lo que sucedía en los cincuenta era una liberación del lenguaje poético que, evidentemente, tenía que ver con el contacto de la poesía en inglés con el psicoanálisis y la filosofía y la crítica francesas. En el espléndido número de noviembre de 1956 que *Ciclón* dedicó a Sigmund Freud, junto a colaboraciones de Virgilio Piñera, Maurice Blanchot y el psicoanalista cubano Enrique Collado Portal, Rodríguez Feo tradujo el ensayo «Freud y la literatura» de Lionel Trilling y el poema «En memoria de Sigmund Freud» de W. H. Auden, que volvían a colocar la poesía norteamericana en el centro de una publicación cubana (Auden 1956). Auden reaparecería, apenas tres años después, como una de las voces de mayor interés de su generación, en el magazine *Lunes de Revolución*, que dirigió Guillermo Cabrera Infante entre 1959 y 1961, los tres años que siguieron a la entrada de Fidel Castro en La Habana.

El joven editor Enrique Berros tradujo tres poemas de Auden a principios de mayo de 1959: «Museo de Bellas Artes», una reflexión sobre el Ícaro de Brueghel, la elegía «En memoria de William Butler Yeats», y el poema «Septiembre de 1939», una crítica de los tres imperialismos enfrentados en la Segunda Guerra Mundial, el fascista, el comunista y el democrático, que entonaba muy bien con el perfil socialista, aunque antiestalinista, que caracterizó a *Lunes de Revolución* (véase Auden 1959). A pesar de que desde mediados de los cincuenta, cuando cierra *Orígenes*, la traducción de literatura norteamericana en Cuba era una práctica recurrente, como prueban las versiones al castellano de Hemingway, Faulkner, Anderson, Fitzgerald y otros narradores que hizo Lino Novás Calvo o la citada *Antología de poesía norteamericana contemporánea* (1955) de Florit,

Berros y otros traductores de aquellos años, como Max Henríquez Ureña, antecedían siempre sus versiones en español con excusas sobre «lo intraducible». Mientras Henríquez Ureña advertía que traducir a Dylan Thomas era doblemente difícil, porque, además de palabras, era preciso traducir el «alcance esotérico» y las «misteriosas sugerencias» del texto, Berros anotará en *Lunes*: «el traductor quisiera excusarse ante el público por haber sido imposible rendir en castellano la gracia y ligereza de algunos fragmentos de "En memoria de W. B. Yeats" de Auden. Nuestra lengua no lo admitía» (Auden 1959: 8).

Lunes implementó una política de traducción similar a la de *Avance*, *Orígenes* y *Ciclón* –leer la poesía norteamericana como crítica cultural del capitalismo en Estados Unidos–, pero agregó a esa interpelación el acento descolonizador y socialista de los primeros años de la Revolución cubana. En uno de los números iniciales de la publicación, un viejo conocido de Estados Unidos en la isla, Waldo Frank, se lo repetía a su entrevistador, el poeta Heberto Padilla: la gran literatura de Estados Unidos, desde Melville y Whitman, era una elocuente diatriba contra los peores aspectos de la sociedad norteamericana (Padilla 1959: 2). Pero Frank distinguía esa tradición, en la que él se incluía, de otra, que nacía con Mark Twain y culminaba en Hemingway, y contraponía ambas a una escuela esteticista que arrancaba con Henry James y se arraigaba con Pound, Eliot y el modernismo. Esta última corriente literaria, a su juicio, desembocaba en una «metafísica convencional», ajena al humanismo crítico que él y otros defendían (Padilla 1959: 3).

Entre algunos jóvenes socialistas de *Lunes*, las ideas de Frank, por prejuiciadas que nos puedan parecer hoy, tuvieron mucho arraigo y estimularon el equívoco de que Lezama y *Orígenes* representaban el equivalente cubano del esteticismo modernista de Estados Unidos. Enrique Berros, Rolando Escardó, Oscar Hurtado, Euclides Vázquez Candela y el propio Heberto Padilla serían, en *Lunes*, defensores de una nueva literatura norteamericana: los narradores y poetas de la *Beat Generation* (Jack Kerouac, Allen Ginsberg y Lawrence Ferlinghetti) y escritores afroamericanos de varias generaciones (Langston Hughes, John Henrik Clarke, Lucy Smith, Sarah Wright, James Baldwin, Leroi Jones, Robert F. Williams), reunidos en dos números monográficos de *Lunes*, titulados «U. S. A versus U.S.A» y «Los negros en Estados Unidos», ilustrado por las magníficas fotos del afroamericano Leroy MacLucas[11].

Un jacobino Guillermo Cabrera Infante propondrá reemplazar el dilema entre literatura y vida, planteado por Edmund Wilson en *Axel's Castle* (1931), por el dilema de la Guerra Fría: capitalismo o socialismo. *Lunes* entendía la literatura norteamericana como un reino de «grandes y pequeños rebeldes», dentro de un «sistema político absolutamente errado, que ha creado en Estados Unidos una sociedad uniforme, tan homogénea como las botellas de Coca Cola». Cabrera Infante afirmaba, incluso, que algunos de los mayores escritores norteamericanos se distinguían por eludir la alternativa entre «luchar hasta morir y darse por vencido» (1960: 3). Lo que predominaba en la gran literatura norteamericana eran «soluciones intermedias», como las de la «torre de marfil» de T. S. Eliot, el autoexilio de William Saroyan, el «arar la tierra» de William Faulkner, la identidad «homosexual y anticomunista» de Christopher Isherwood, la «marihuana» de Allen Ginsberg o la «locura» de J. D. Salinger (Cabrera Infante 1960: 4).

Cabrera Infante, José Álvarez Baragaño, Oscar Hurtado y Pablo Armando Fernández, en aquel mismo número de *Lunes*, reconocían la emergencia de nuevas generaciones, como la de Truman Capote, Norman Mailer, Nathanael West y Arthur Miller, la rebelión moral que personificaba un Henry Miller y el discurso liberador de la *Beat Generation* y la nueva vanguardia negra. Toda esa renovación de la literatura norteamericana era leída por los jóvenes escritores cubanos como una «derrota» —es el término que utilizará Hurtado— del modernismo poético de mediados del siglo XX, que había acaparado

---

[11] *Lunes de Revolución* 55, 18 de abril de 1960: 2; *Lunes de Revolución* 66, 4 de julio de 1960: 16-24.

las políticas de traducción en la isla, entre la *Revista de Avance* y *Orígenes*, y que ellos imaginaban como la contraparte norteamericana de la literatura del antiguo régimen cubano.

Al inscribirse en un nacionalismo revolucionario y socialista, *Lunes de Revolución* rebasaba políticamente los nacionalismos católicos y liberales que habían marcado el campo intelectual cubano desde los años veinte. Esa adscripción ideológica alteró profundamente las estrategias de traducción de la literatura norteamericana en Cuba, interrumpiendo el diálogo con la tradición modernista y circunscribiendo la interlocución a una poesía crítica que, muy pronto, también comenzaría a ser leída con recelo en círculos oficiales de la isla, como demuestra la experiencia de la editorial El Puente y la expulsión de Allen Ginsberg en 1965. Todo un legado de conversación poética entre Estados Unidos y Cuba vivió entonces un dramático cierre, del que aún no se recupera.

Desde José Martí, la mayoría de los poetas y traductores cubanos leyó la poesía norteamericana como «poesía de imperio». Una fórmula que implicaba una estetización y, a la vez, una politización de la poesía escrita en Estados Unidos, en tanto invectiva lírica contra el imperio. Desde la *Revista de Avance*, aquella dimensión «hímnica», como le llamó alguna vez Lezama, o épica del republicanismo americano, que todavía sintió Martí en su lectura de Whitman o Emerson, fue descartada por los poetas y traductores cubanos. Ni siquiera Eugenio Florit o Lino Novás Calvo, tan familiarizados con la cultura norteamericana, dejaron de leer a Eliot o a Faulkner, a Pound o a Hemingway, como «expresiones del fracaso y la impotencia del mundo moderno». Esta política de la traducción nos habla de lo decisiva que ha sido la lectura de una «poesía de imperio» para la constitución de los nacionalismos intelectuales en Cuba en el siglo XX, pero, también, de las diversas formas que adopta lo intraducible o lo fronterizo, para volver a Mañach, en una cultura postcolonial del Caribe.

VI.

Filosofía de la curiosidad

La obra filosófica de Jorge Mañach tuvo su mejor momento entre mediados de los cuarenta y principios de los cincuenta, cuando su permanente intervención en la vida pública de la isla, tan intensa durante las revoluciones de los treinta y los cincuenta, fue menos protagónica. En esos años el pensamiento de Mañach se acercó más propiamente a una articulación filosófica profesional, sin una apuesta sistemática que, como veremos, era una renuncia básica de su proyecto de saber. Ese momento de mayor espesor teórico en la obra de Mañach puede enmarcarse entre *Historia y estilo* (1944) y *Para una filosofía de la vida* (1951). Hablamos del periodo en que aquella maquinaria de referencias y lecturas, certidumbres e intuiciones, que había distinguido su ensayística desde *La crisis de la alta cultura* e *Indagación del choteo* en la década del veinte, alcanzó su mayor rendimiento.

En las líneas que siguen propongo regresar a la fábrica del texto en la obra de madurez de Jorge Mañach. Se trata de una época en que el campo referencial del importante ensayista cubano se ha ampliado considerablemente, desde el temprano ensayo «Proceso de la curiosidad filosófica» (1932), que sintetizaba su posicionamiento en el saber occidental en tiempos de la primera postguerra (Mañach 1998: 97-138). Algunas premisas del joven Mañach se mantenían: la idea de que el pensamiento no se expresa únicamente por medio de tratados académicos, sino también de los diversos géneros de la literatura, heredada de Miguel de Unamuno y José Ortega y Gasset, o la resistencia a la adopción o la creación de un sistema filosófico, que en Cuba conforma la tradición electiva o ecléctica de José Agustín Caballero, Félix Varela, José de la Luz y Caballero, José Martí y Enrique José Varona, si bien no es ese el único linaje del pensar cubano. Recordemos, tan sólo, que en el XIX cubano hubo neokantianos como el santiaguero José del Perojo, graduado de la Universidad de Heidelberg y traductor de la *Crítica de la razón pura*, o neohegelianos como Rafael Montoro, que, en contra de prejuicios muy difundidos que pasaron de Medardo Vitier a Roberto Agramonte, fueron positivamente valorados por jóvenes filósofos de los cincuenta como Humberto Piñera Llera y Pedro Vicente Aja[1].

Pero el campo referencial de Mañach, a fines de los cuarenta, se dilató y su aproximación a la filosofía universitaria, sin abandonar el estilo ensayístico, respondió a esa apertura y, también, al desafío de sus colegas del gremio. Medardo Vitier le había cuestionado la falta de profesionalismo en una carta, en la que aludía a una «carencia de trasfondo filosófico» en sus artículos en *Bohemia*, a principios de los cuarenta, a la que el autor de *Historia y estilo* respondió en una conferencia en el Lyceum de La Habana, en 1942, que integró la parte central de *Para una filosofía de la vida* (1998: 23 y ss.) En el segundo volumen de *Las ideas en Cuba* (1938), ganador del Premio Nacional de Literatura, Vitier, que demandaba esa falta de obra filosófica, concluía su recorrido con un elogio de José María Chacón y Calvo, un crítico literario profesional, apenas seis años mayor que Mañach. No incluía Vitier a Mañach en su libro, a pesar de que su obra ensayística ya era importante para 1938, aunque defendía, ante

---

[1] En *Las ideas en Cuba* Vitier centraba el estado de la filosofía cubana a fines del XIX en Enrique José Varona, a quien, curiosamente, reprocha su falta de familiaridad con corrientes filosóficas como el neokantismo y el neohegelianismo, sin citar a Perojo o a Montoro: Medardo Vitier (1938, II: 160-163). En un libro posterior, *La filosofía en Cuba* (1948), Vitier corrigió en parte esa posición (Vitier 1970: 443-468). Véase también Agramonte 1947, Piñera Llera 1952 y 1960, y Aja 1952.

una objeción de Juan Marinello, el derecho de Chacón y Calvo –y de Rafael Montoro– a ser «antirrevolucionarios» (Vitier 1948: 215-217). Tampoco Agramonte, en sus ensayos sobre historia de la filosofía cubana de fines de los cuarenta, incluyó a Mañach, como sí hicieron Piñera Llera en su artículo «Sobre la filosofía y la primera mitad del siglo xx» (1951), luego el propio Vitier, en un artículo sobre la filosofía en el centenario de la República, Waldo Ross en su conocido opúsculo sobre el pensamiento de los cincuenta y, nuevamente, Piñera Llera en el clásico *Panorama de la filosofía cubana* (1960)[2].

En ese avance hacia un ordenamiento más reposado de su plataforma teórica, Mañach volvió a desembocar en una de sus obsesiones juveniles: las fronteras filosóficas de España y Estados Unidos en Cuba. La isla caribeña, colonia de España por cuatro siglos, y neocolonia de Estados Unidos en la primera mitad del siglo xx, era lugar propicio para explorar las tensiones y los diálogos entre hispanismo y americanismo, entre quijotismo y pragmatismo. Desde un punto de vista académico, la especialidad de Mañach era Historia de la Filosofía, el perfil de su cátedra en la Universidad de la Habana. De ahí que aquel acercamiento a la filosofía profesional del ensayista cubano estableciera notables contactos con el trabajo de una nueva generación de historiadores de las ideas en América Latina (Francisco Romero y José Luis Romero en Argentina, Patrick Romanell, Leopoldo Zea y el Grupo Hiperión en México…), que comenzaba a ubicar a la filosofía en el centro de las reflexiones sobre la experiencia histórica y cultural de la región.

El quijotismo práctico

Con motivo del cuarto centenario del nacimiento de Miguel de Cervantes, en 1947, la Facultad de Filosofía y Letras de la Universidad

---

[2] Piñera Llera 1951: 103 y 108; Vitier 1953: 32-36 y 220; Piñera Llera 1951 y Ross 1954: 23-30.

de La Habana programó una conferencia de Jorge Mañach, en la cual el autor de *Martí, el Apóstol* presentó el esbozo de su libro *Examen del quijotismo* (1950), editado tres años después por la Editorial Sudamericana de Buenos Aires, y que en La Habana mereció elogios de José María Chacón y Calvo y Medardo Vitier (1960: 237-241). Al aventurarse en la empresa de repensar el quijotismo, Mañach tenía muy presente la tradición de pensamiento cervantino que en España se asocia a varios intelectuales del 98 (Miguel de Unamuno, Pío Baroja, Azorín, Ramiro de Maeztu…), que dedicaron libros o ensayos a *Don Quijote de la Mancha*, la novela, sus personajes y su autor, Miguel de Cervantes, y a las diversas maneras de relacionar los temas cervantinos y quijotescos con la crisis del imperio español tras la pérdida de sus últimas colonias en el Caribe.

Para algunos de ellos, como Azorín en *La ruta del Quijote* (1905), el quijotismo estaba en el origen de la decadencia de España, toda vez que marcaba la moral pública con la «locura», la «enfermedad», la «morbosidad», la «hiperestesia nerviosa», el «ensueño» y la «quimera» (Azorín 1964: 34-35 y 77). Algo similar sostenía, desde un punto de vista regeneracionista, el joven Ramiro de Maeztu en su temprano ensayo *Hacia otra España* (1899), cuando hablaba del predominio en la península de una «raza de los inútiles, los ociosos y los soñadores» (1997: 67) o cuando, todavía, en *Don Quijote, Don Juan y la Celestina* (1919), escribía que la novela de Cervantes era «el libro ejemplar de nuestra decadencia» y de la «saturación de melancolía que un hombre y un pueblo sienten al desengañarse de su ideal» (1972: 20 y 42)[3]. Maeztu abandonará esta visión en el conservadurismo católico de su posterior *Defensa de la hispanidad* (1934), pero en los años previos y siguientes al 98 estaba muy en sintonía con una crítica de lo hispánico que pensaba el quijotismo como discurso y práctica del atraso.

---

[3] Sobre el regeneracionismo, véase Eslava Galán & Rojano Ortega 1997: 241-316.

Unamuno enfocaba la relación entre hispanidad y quijotismo de una manera radicalmente distinta. Para el filósofo lo decisivo de la novela de Cervantes no era Cervantes mismo, o su biografía, o su ficción, sino la realidad política del personaje del Quijote, negación paralela de Alonso Quijano y del propio Miguel de Cervantes (Unamuno 1950: 96). Lo que proponía Unamuno en *Vida de Don Quijote y Sancho* (1905) era una interpretación personal de esa realidad, semejante a la verdad de la vida de Jesús contada por Ernst Renan o a la de San Ignacio de Loyola narrada por Pedro de Ribadeneyra. El gesto era muy parecido al de Azorín, quien mapa en mano recorrió la geografía de Castilla y la Mancha en busca de los descendientes históricos de Alonso Quijano. Pero Unamuno, a diferencia de Azorín, dotaba de realidad al personaje de Cervantes para exaltar su mensaje de amor y fe, lucidez y esperanza. El Quijote era, para Unamuno, un santo laico que clamó en el desierto una profecía justiciera (1950: 120).

Ese intento de rescatar el sepulcro de Don Quijote, aunque sin una disociación cruda entre Cervantes y su personaje, se observa también en los ensayos que conforman *Meditaciones del Quijote* (1914) de José Ortega y Gasset. El gran filósofo español no contraponía al autor y su personaje pero sí el libro mismo, la novela de Cervantes, y a su protagonista (Ortega y Gasset 1914: 53-54). Como Unamuno, Ortega proponía una vuelta a la carnalidad del personaje, a su fuerza arquetípica o a su capacidad para condensar una serie de atributos éticos que no necesariamente identificaba con lo peor de la moral pública de la España post-imperial. Ortega, también como Unamuno, era consciente de que su intervención sobre el quijotismo era un ensayo, no un tratado académico, de ahí que arrancara con una crítica a la «erudición» y a la «sabiduría de los hechos», es decir, a la historia (1914: 28-29).

En su biografía de Ortega, Jordi Gracia sostiene que en *Meditaciones del Quijote* (1914) se entabla una «durísima pelea con Unamuno», pero «en privado», por medio de una serie de cartas que el filósofo nunca llega a enviar al sabio de Salamanca. Le molestaba a Ortega ese «instinto fracasador» o esa «suerte de derrotismo teatral y comediante» de Unamuno, que se traducía en un pesimismo predecible (Gracia 2014: 56). Pero el libro de Ortega tal vez deba más al de Unamuno que al de Azorín, a pesar de que cuando formula la célebre máxima de «yo soy yo y mi circunstancia, y si no le salvo a ella no me salvo yo», acto seguido afirma que Azorín y Baroja –y no Unamuno– son las «dos circunstancias» ineludibles de la cultura española en las primeras décadas del siglo xx (1914: 43-44 y 53-54).

Unamuno decía que su ejercicio ensayístico nada tenía que ver con la labor de los eruditos de la historia y la literatura, expertos en la biografía de Cervantes o en el impacto del personaje de Alonso Quijano en el público del Siglo de Oro. Algo muy parecido, casi textual, dice Ortega. Y el mismo gesto reaparecerá en *Examen del quijotismo* (1950), del cubano Jorge Mañach: «no vamos a entrar en disquisiciones eruditas que resultarían muy manidas, pero...» (1997: 23). Sabemos por Fernando Iwasaki y Jordi Gracia que hacia 1947, cuando el centenario de Cervantes, e incluso desde antes, tal vez desde el prólogo a *La invención de Morel*, Jorge Luis Borges y Adolfo Bioy Casares aborrecían las ideas literarias de Ortega (Gracia 2014: 553)[4]. Luego, en 1947, a propósito de Cervantes, y en 1956, a la muerte del autor de *La deshumanización del arte*, Borges hará más explícito ese rechazo a una visión del *Quijote*, compartida por Unamuno y Ortega, que disminuía el genio y la escritura de Cervantes en favor de una teorización cultural del quijotismo (Iwasaki 2010: en línea).

No era esa, por supuesto, la perspectiva de Mañach y de la *Revista Cubana de Filosofía*, que honraron al filósofo español en 1956, como tampoco era la de José Lezama Lima y *Orígenes*, que también lo homenajearon, pero sí, en parte, la de José Rodríguez Feo, Virgi-

---

[4] Véase también González Echevarría 1985.

lio Piñera y *Ciclón*, donde se reprodujo el ensayo de Borges contra Ortega, «Nota de un mal lector» (1956: 28). Mañach simpatizaba claramente con tesis orteguianas como la idea de la «mediterraneidad» de España o con la dura crítica al hegelianismo plasmada en *Meditaciones del Quijote* (Ortega y Gasset 1914: 30 y 65-70). Y sin embargo, a pesar del peso que habían tenido Ortega y la *Revista de Occidente* en su formación, sobre todo, durante los años veinte y treinta, el cubano se presentaba, en *Examen del quijotismo*, más cerca de Unamuno que de Ortega. A éste lo mencionaba de pasada, al final del ensayo, pero al autor de *Vida de Don Quijote y Sancho* lo tomaba como guía (Mañach 1950: 139). ¿Por qué?

Mañach arrancaba caracterizando la locura de Don Quijote como un trauma «intelectual» o enfermedad de la lectura (1950: 23). La obsesión de Alonso Quijano con la literatura de caballería lo había llevado a una experiencia de «irrealidad», que provenía de la herencia medieval española (1950: 25). Pero esa herencia, a pesar de las trabas que la Contrarreforma puso al avance del humanismo renacentista y el racionalismo moderno, no conformaba una suerte de código genético que fatalmente condenaba a España a la reacción. Había, por supuesto, escolasticismo en el Quijote y en Cervantes, como cuando refiriéndose al aristotelismo tomista se habla de los «colores y las estaturas de la buena filosofía» (Mañach 1950: 37). Pero lo decisivo en el quijotismo no era la reacción o la quietud sino el «activismo ético», la «utopía», la «anarquía» e, incluso, el republicanismo (1950: 81-83).

Una vez que la personalidad del Quijote emerge, negando la de Alonso Quijano y, con ella, toda la hidalguía parasitaria de la Edad Media, nace ese quijotismo «militante» o «idealismo activo», que Mañach vincula directamente con Unamuno y la tradición moderna española (1950: 82 y 85)[5]. Evidentemente, esa otra tradición de la

---

[5] Por los mismos años en que Mañach escribía *Examen del quijotismo*, Américo Castro analizaba el «prurito de la hidalguía» en la historia de España en

España renacentista e ilustrada, heterodoxa y liberal, según Mañach, desembocaba en la II República en el siglo XX. Cuando citaba el pasaje en el que Don Quijote asegura que se lanza a la aventura «así para el aumento de su honra como para el servicio de la República», la alusión crítica al franquismo se vuelve transparente (1950: 81). Es en este momento de *Examen del quijotismo* que emerge la adhesión calculada de Mañach a Unamuno, quien murió en Salamanca, en 1936, enemistado con los golpistas, a diferencia de Ortega, que ya para 1947 estaba de vuelta en España y callaba sus críticas al franquismo:

> Recordemos en seguida la doctrina del español que acaso estudió y sintió más hondamente la empresa quijotesca, hasta hacer de ella como un modelo para su propia conducta y actitud: don Miguel de Unamuno. Vinculó éste el quijotismo, como es sabido, a su personal filosofía, a esa especie de vitalismo místico y trascendente, o de existencialismo metafísico, que con tan viril angustia enardeció el alma española contemporánea, y hasta quiso erigir ese sentimiento «agónico» por la vía del quijotismo. (Mañach 1950: 85-86)

Los valores primordiales del quijotismo, asegura Mañach en sintonía con Unamuno, son la justicia, la libertad, la anarquía y la utopía. ¿Cómo localizar la impronta de ese quijotismo en la historia? La respuesta de Mañach es inequívoca: no tanto en la España de mediados del siglo XX, donde se había instaurado una dictadura de derechas, que provocó un numeroso y calificado exilio intelectual que le dejó grandes amistades —Federico de Onís, su colega de Columbia University a quien dedicaba el libro, Juan Marichal, Jorge Guillén, Pedro Salinas, Luis Cernuda...— sino en América. El Quijote, dice Mañach, también hizo la América, no durante la conquista y la colonización, que fue obra de caballeros medievales,

---

términos muy parecidos (véase Castro 1983: 567-568).

sino durante las revoluciones de independencia y los «constitucionalismos románticos» del siglo XIX:

> ¿No se manifiesta en el espíritu de independencia –que Bolívar representó arquetípicamente– esa doble dimensión de idealismo moral (pero ya un poco teórico y estético) y de autoritarismo imperioso (pero ya más cauto en su aventura) que forma el bulto de lo quijotesco? ¿No supo también ese espíritu soñar mundos prematuros de libertad, abordar obstáculos temibles, renacer constantemente de sus propios descalabros y mantenerse en su ley hasta cuando sospechó, ya para morir, que había «arado en el mar»? ¿Y no se quiso, en efecto, demasiado, o demasiado pronto? (1950: 155)

Mañach concluía aquel ensayo con una defensa de la «democracia genuina», entendida como un «idealismo más sobrio en las palabras y más efectivo en los hechos» (1950: 160-162). El ideal de la democracia, que en América encerraba el de la república, debía traducirse, según el pensador cubano, en una empresa práctica, que condujera las energías utópicas y libertarias del quijotismo a través de mecanismos jurídicos y políticos verdaderamente representativos y a un tiempo eficaces. No era difícil advertir que aquel llamado era otra manera de postular el diálogo entre la cultura hispana y la estadounidense en el proceso histórico de América Latina y el Caribe. Tema, éste, que recorrió toda su obra, desde las tempranas *Estampas de San Cristóbal* (1925) hasta la póstuma *Teoría de la frontera* (1961).

El desplazamiento de Mañach hacia una forma del saber más propiamente filosófica, en los cuarenta, respondió, por tanto, a la misma reorientación de su pensamiento hacia el republicanismo, que hemos señalado en otra parte (Rojas 2008: 201-248). Baste el leve indicio de que tanto en *Examen del quijotismo* como en *Para una filosofía de la vida* se reiteraba la observación o el tópico –cuestionado en las últimas décadas por la filosofía política– de que con Thomas Hobbes y Nicolás Maquiavelo se iniciaba un proceso de quiebre definitivo del ideal de la república moral cristiana, que conducirá a la hegemonía del liberalismo, la secularización y la *Realpolitik* a partir del siglo XVIII (Mañach 1950: 100 y 1998: 48). Mañach era, por supuesto, un moderno y un laico, un admirador de las revoluciones atlánticas y de su legado constitucional, pero no dejaba de advertir los efectos nocivos del capitalismo desenfrenado para el bien común y la cultura cívica, sobre todo en América Latina y el Caribe.

El condicionalismo utópico

Decíamos que entre mediados de los cuarenta y principios de los cincuenta, el pensamiento de Jorge Mañach se abrió a nuevos referentes, en medio de la demanda de mayor profesionalidad filosófica que exigía a su obra el propio campo académico de la isla. Recordemos que en 1946 había sido fundada la *Revista Cubana de Filosofía*, impulsada por Rafael García Bárcena y el Director Nacional de Cultura del gobierno de Ramón Grau San Martín, Jesús Casagrán. Si bien escribió muy poco en dicha publicación –sólo le conocemos algunas noticias en la sección «Recuento de Actividades» y el brillante obituario «Imagen de Ortega», en el penúltimo número, el 13, de enero-junio de 1956–, Mañach perteneció al primer Consejo de Dirección de *RCF*, junto con Rafael García Bárcena, que pronto se convertiría en Director, Roberto Agramonte, Medardo Vitier y José María Velázquez. En el número 6 de la revista, correspondiente a 1950, ya Mañach no aparecía en el nuevo Consejo de Redacción integrado por Mercedes García Tudurí, Máximo Castro Turbiano y Humberto Piñera Llera, quien pronto sucedería a García Bárcena en la Dirección.

Sn embargo, la obra de Mañach en aquellos años está permeada por algunos de los principales debates de la *RFC*: el neokantismo y la fenomenología, el existencialismo y el pragmatismo, la filosofía analítica y la antropología cultural, Cassirer y Hartmann, Dilthey y

Russell, Sartre y Ortega, Husserl y Heidegger, además de la discusión permanente sobre la tradición filosófica cubana y el naciente problema de la «filosofía latinoamericana». Desde el temprano ensayo «Proceso de la curiosidad filosófica» (1932), basado en una conferencia en el Lyceum de La Habana, Mañach había propuesto un recorrido por la historia de la filosofía que arrancaba con los presocráticos, pasaba por Platón y Aristóteles, la Edad Media y el Renacimiento, y desembocaba en Descartes, Leibniz y Spinoza (1998: 104-110). Tras la refundación filosófica impulsada por el racionalismo moderno en el siglo XVII, la estación siguiente del recorrido de Mañach era Emmanuel Kant, luego de rápidas alusiones a Hume, Rousseau, los ilustrados europeos y, especialmente, los enciclopedistas franceses (1998: 112-113).

Si se lee con atención se observará que Mañach dedica a Kant la parte central de su ensayo, reconociendo al pensador de Königsberg esa «revolución copernicana» en la filosofía, equivalente a la de Descartes en el siglo anterior (1998: 115). Kant, dice Mañach, es el «hombre con quien hay que contar» en el pensamiento moderno, su «capacidad pensante fue tan formidable que la profundidad y dificultad de su doctrina son proverbiales». La crítica kantiana es, por excelencia, el «ademán que se asoma a la hondura abisal en que arraiga la posibilidad misma del conocimiento» (1998: 113). Tan decisiva había sido la comprensión kantiana de los fenómenos y las cosas como representaciones y conceptos humanos –Mañach usa la analogía de las «mercancías extranjeras en las aduanas nacionales»– como la advertencia sobre los límites de la razón, que no respetaron sus seguidores en el idealismo alemán del XIX (1998: 114).

La historia de la filosofía moderna después de Kant, pensaba el cubano, era la historia de los partidarios y los enemigos de aquella idea de razón crítica. Pero con una agudeza digna de los mejores historiadores, Mañach sugiere que algunos discípulos de Kant llevaron al extremo postulados de la *Crítica de la razón pura*, generando, a su vez, una reacción antimetafísica en la segunda mitad del XIX.

Fichte, Schelling, y sobre todo Hegel, con la «idea absoluta», fueron en realidad quienes condujeron a la escuela idealista alemana a un absolutismo que abrió una encrucijada en la filosofía europea: o se continuaba por el camino racionalista, más allá de la metafísica, o se buscaban nuevas vías para el pensamiento, más o menos apegadas al linaje especulativo. Mañach identificó con precisión cada una de aquellas alternativas, las que radicalizaban el hegelianismo, las que regresaban a Kant o las que rompían con la filosofía clásica alemana.

El marxismo o el «materialismo histórico», una «doctrina social y económica fundada por Carlos Marx de incalculables destinos», y la fenomenología de Edmund Husserl, un «intelectualismo crítico que culmina en la filosofía fenomenológica de hoy», partían de Hegel (Mañach 1998: 118). Pero Arthur Schopenhauer y Friedrich Nietzsche en Alemania o Auguste Comte y Henri Bergson, desde distintas perspectivas, se remitían a Kant para proponer el abandono de la metafísica. El irracionalismo de Nietzsche, el positivismo de Comte o el vitalismo de Bergson eran maneras contradictorias de decir no al idealismo alemán. Pero a la vez que se desataba esa explosión de «nuevas curiosidades filosóficas», una amplia y heterogénea corriente de pensamiento intentaba desarrollar o adaptar las tesis de la *Crítica de la razón pura* y de la *Crítica de la razón práctica* a la nueva era. El neokantismo, especialmente, la Escuela de Marburgo (Paul Natorp, Hermann Cohen, Nikolai Hartmann, Ernst Cassirer…) se convirtió en una verdadera industria de teorías filosóficas.

Dos de los mayores pensadores de principios del siglo xx, Martin Heidegger y José Ortega y Gasset, salían de ahí. Ortega había sido alumno de Cohen y, antes de derivar a sus propias formulaciones de la razón vital y la razón histórica, escribió un enjundioso ensayo sobre Kant, con motivo del bicentenario del sabio alemán, que Mañach leyó en *Revista de Occidente* en la primavera de 1924 (Mañach 1998: 127). Heidegger, por su parte, escribió en Marburgo su obra magna, *Ser y tiempo* (1927), pero luego de regresar a Friburgo y romper con el neokantismo volvió al estudio de Kant, a quien dedicó el ensayo *Kant y el problema de la metafísica* (1929), donde intentaba explicar por qué el filósofo de Königsberg había renunciado a abordar el problema de la temporalidad. Al tiempo en que se presentaba como una nueva superación de Kant, que a su vez negaba la de Hegel, Heidegger tomaba distancia, a la vez, del neokantismo y de la fenomenología por medio de un nuevo ontologismo.

Pero Mañach, ¡en 1932!, no sólo glosaba y reseñada todos aquellos filósofos, escuelas y tratados. También se interesaba en los disidentes de la filosofía, los que abandonaban esa forma del saber y se refugiaban en alguna otra, como Sören Kierkegaard en la teología, George Simmel en la sociología, Wilhelm Dilthey en la teoría de la historia y Oswald Spengler en la morfología de las culturas. En las páginas finales de «Proceso de la curiosidad filosófica», Mañach, a pesar de su evidente esfuerzo de moverse en los límites de la filosofía profesional, reiteraba su certeza de que el pensamiento moderno no podía agotarse dentro de una única forma del saber y, sobre todo, un único medio de escritura. Era esa flexibilidad, justamente, la que determinaba el significado del concepto de «curiosidad filosófica».

Ningún otro mapa de la filosofía contemporánea occidental, escrito en Cuba en las primeras décadas del siglo XX, fue más completo que el de Mañach. Todas las lecturas que, según Vitier, faltaron a Varona, o la nómina del pensamiento contemporáneo que propondrá Agramonte, son más limitadas. Los referentes de la filosofía cubana en aquellos años, como en toda América Latina, eran sobre todo alemanes, franceses y españoles o, específicamente, orteguianos. Pero Mañach sumaba a esas mismas influencias un constante interés por el pensamiento norteamericano, que se perfiló desde los años de sus estudios en Harvard y su estancia en Columbia. Tan importante para el desarrollo del campo filosófico cubano era, a su juicio, el contacto con la filosofía analítica de Bertrand Russell y Alfred North Whitehead como la lectura de pensadores norteamericanos como Ralph Waldo Emerson, William James, George Santayana –«el filósofo que España perdió»–, Waldo Frank y John Dewey (Mañach 1998: 137).

No habría que olvidar que Jorge Mañach fue profesor de la Escuela Española de verano de Middlebury College en cinco ocasiones consecutivas, entre 1947 y 1951, y luego regresó, por última vez, en el verano de 1955. En su historia de las escuelas de verano, *The Middlebury College Foreign Language Schools, 1915-1970. The Story of a Unique Idea* (1975), Stephen A. Freeman refiere la alegría que le dio recibir a Mañach en su primer curso, en el verano de 1947, ya que el pensador cubano había sido compañero suyo en Harvard, entre 1918 y 1920, donde el autor de *Indagación del choteo* (1928) realizó sus estudios universitarios básicos. Luego de graduarse en Harvard y de una breve estancia en París, Mañach cursó la carrera de Derecho en la Universidad de La Habana y el doctorado en Filosofía y Letras en la misma institución.

Es probable que Mañach haya llegado a Middlebury recomendado por cualquiera de los intelectuales republicanos españoles que asistían a los cursos de verano desde fines de los treinta, como Pedro Salinas, Juan Marichal, Luis Cernuda o Jorge Guillén, quienes eran sus amigos, o por el poeta cubano Eugenio Florit, profesor de Barnard College en la Universidad de Columbia. El propio Mañach había enseñado varios semestres en esta última institución, durante sus exilios de la dictadura de Gerardo Machado y de la primera dictadura de Fulgencio Batista, que habían decidido su distanciamiento de la política profesional, la cual ejerció como Ministro de Educación y de Estado, como constituyente en 1940 y como senador de la República.

Los temas de los cursos enseñados por Mañach en Middlebury, durante aquellos seis veranos, revelan tanto el amplio registro de intereses de este intelectual caribeño como la propia evolución de su autoría. Poesía gauchesca y filosofía norteamericana, la generación del 98 y el modernismo hispanoamericano, José Martí y Miguel de Cervantes fueron algunos de los asuntos que desarrolló Mañach durante sus estancias en Vermont. No es difícil identificar dichos intereses en los libros que Mañach escribió por aquellos años: *Examen del quijotismo* (1950), *Para una filosofía de la vida* (1951), *El espíritu de José Martí* (1952), *El pensamiento de Dewey y su sentido americano* (1953). No son muchas las alusiones a Middlebury que dejó escritas Mañach pero hay una, por lo menos, que refleja con bastante nitidez el valor que otorgó a dichas estancias veraniegas, y aparece, justamente, en el ensayo sobre Dewey, nacido en Burlington, a unos kilómetros de aquel college de Vermont.

Una de las obsesiones de Mañach, a lo largo de toda su carrera intelectual, fue, como ya se ha dicho, el diálogo entre la cultura hispanoamericana y la cultura norteamericana. Luego de un periodo ligeramente arielista, que puede detectarse en ensayos como *La crisis de la alta cultura en Cuba* (1924), *Indagación del choteo* (1928), la biografía *Martí, el Apóstol* (1934) e, incluso, las prosas de *Historia y estilo* (1944) y *Pasado vigente* (1946), Mañach se internó en una ardua reflexión sobre las posibilidades de comunicación entre las tradiciones intelectuales hispánicas y anglosajonas. Resultado de esa deriva arqueológica fueron sus lecturas de los pensadores norteamericanos de fines del siglo XIX (Thoreau, Emerson, Alcott...), que había admirado José Martí y que tanto influyeron en su republicanismo, y de los filósofos pragmáticos de las primeras décadas del siglo XX: Charles Peirce, William James y, sobre todo, John Dewey.

A la obra del último filósofo de aquel linaje, John Dewey (1859-1952), dedicó Mañach el ensayo *El pensamiento de Dewey y su sentido americano*, que se editó poco después de la muerte del pensador norteamericano, en La Habana, por la editorial de la UNESCO. En los años siguientes Mañach hizo algunos ajustes a su estudio, que se publicaría en forma definitiva por la editorial Taurus, en Madrid, en 1959, bajo el título de *Dewey y el pensamiento americano*. La tesis central del escrito de Mañach era que el pragmatismo y el instrumentalismo no debían verse como corrientes contrarias al espiritualismo hispánico, ya que las mismas poseían un trasfondo moral y pedagógico, que aunque de inspiración puritana, entraban en diálogo con la tradición católica española. La defensa deweyana de la educación y de la democracia, como medios reproductores de la libertad humana, según Mañach, tenía desconocidos antecedentes en la obra de filósofos cubanos del siglo XIX como Félix Varela, José de la Luz y Caballero y Enrique José Varona, quienes, a su vez, se inscribían en las corrientes más reconocibles del pensamiento peninsular e hispanoamericano de aquella centuria (Mañach 1953: 7-12).

Otra zona del pensamiento moderno que llegó a incorporar Mañach en sus coordenadas intelectuales fue el psicoanálisis. En *Examen del quijotismo* observaba que la locura y la utopía de Alonso Quijano habían logrado tan enorme popularidad, entre otras cosas, porque Cervantes había dado forma literaria a una subsconsciencia arquetípica: «arrastres de una entraña psíquica que yacen larvados en una conciencia de grupo que se ha sumergido en la habitualidad, ahogadas vivencias personales, contagios de los que no ha quedado huella aparente» (Mañach 1997: 11). Citaba entonces a Carl Gustav Jung y, en su libro posterior, *Para una filosofía de la vida*, a Sigmund Freud. Decía Mañach que para pensar seriamente el fenómeno de la vida humana, de la voluntad moral y de la libertad espiritual era inevitable contar con los «alcahuetes del barrio bajo del subconsciente, los crispines de nuestra voluntad ideal», que «Freud visitó», y que «conjurados o no por la imaginación, aparecen como sórdidos parásitos de la conciencia» (1998: 30-31).

Esas alusiones son importantes por su novedad en el campo intelectual cubano –recordemos que Mañach escribe sobre el psicoanálisis varios años antes de la conferencia sobre el tema de Humberto Piñera Llera en la Sociedad Cubana de Filosofía[6] y de los artículos de Enri-

---

[6] Véase Piñera Llera 1955.

que Collado en la revista *Ciclón*–, pero también por la reformulación de la escuela vitalista que proponen. En *Para una filosofía de la vida* Mañach deja atrás todo el fardo de la psicología social organicista y evolucionista, que, sin ser determinante, se filtraba en algunos de sus primeros ensayos. Como en *Examen del quijotismo*, la presencia de Ortega vuelve a ser, aquí, menor o lateral. De hecho, Ortega aparece únicamente como lenguaje o glosario («ensimismamiento», «alteración», «el otro»…) pero no como maestro, lo cual se reflejará también en el tono despegado de su obituario en 1956 (Mañach 1998: 37).

Aunque el cubano intentó dar salida a su cavilación filosófica por medio de una prosa llana, ni siquiera muy elegante o lírica, como la de María Zambrano, a quien veía mucho por entonces, y aunque ocultó considerablemente sus citas y referencias para hacer más accesible el texto –el «aparato crítico» que echaba en falta Vitier– es posible identificar sus fuentes. A Mañach le interesaba conjugar el vitalismo con la teoría de los valores, pero partiendo de una plataforma ecléctica, con fuerte presencia del neokantismo. Citaba a Lotze y a Hartmann, si bien el vitalismo con el que más simpatizaba era el que, al final de su vida, había sostenido Max Scheler, de vuelta ya de su fenomenología juvenil (1998: 48). La centralidad de la ética en libros como *El puesto del hombre en el cosmos*, traducido en 1936 por José Gaos en la editorial de *Revista de Occidente*, le servía de puente para formular una teoría personal de los valores que llamó «condicionalismo» (1998: 50).

Se trataba, en esencia, de una rearticulación del clásico tema del contrato social o de los límites de la libertad personal en la vida colectiva, pero desde el eje de tensiones entre voluntad y valor o entre lo desiderativo y lo normativo. La tesis del «condicionalismo» de Mañach suponía que en la historia social y la vida humana la contradicción entre voluntad y valor era irreductible. Sin embargo, en ciertas condiciones, que podían ser agenciadas por el propio ser humano, se alcanzaba la correspondencia entre deseo y norma o entre libertad y ley. Y aunque no era muy explícito en las fuentes ni en las implicaciones de su teoría, era perceptible un diálogo con corrientes filosóficas de la segunda postguerra como el existencialismo, el psicoanálisis e incluso el marxismo, informado por una relectura de la filosofía de la historia de Kant:

> Lo que llamo «condicionalismo» no es sólo esa concepción bipolar de los valores; es también la idea implícita –que no puedo sino sugerir aquí– de que todo el destino humano inteligible, todo lo que el hombre puede llegar a ser o a hacer, estriba en un progresivo y recíproco condicionamiento entre el objeto y el sujeto integrales; o, dicho más concretamente, entre la conciencia y la voluntad humanas de una parte, y, de la otra, todo cuanto a ellas se opone en la naturaleza y la sociedad. El condicionalismo sugiere que así como el problema de la certidumbre en cuanto a la verdad quedará resuelto cuando las condiciones a que el hombre ha de sujetarse para conocer (y que ya Kant postuló) se articulen con las condiciones que toda la realidad exige para ser comprendida, así también, por un acomodo progresivo de la sensibilidad más acendrada de los hombres con las formas cada vez más integradas que a ella se ofrecen, se irán generalizando el sentimiento y la certidumbre de la belleza. (Mañach 1998: 91)

Aquí Mañach está suscribiendo la tesis de Kant, a propósito de que el «género humano se halla en constante progreso hacia mejor», que el filósofo alemán, en refutación de las tesis pesimistas de Rousseau y otros ilustrados, desarrolló en su filosofía de la historia, en buena medida como consecuencia del entusiasmo que le provocó la Revolución Francesa. Mañach se percata de que su optimismo puede ser descartado por utópico y adelanta una defensa que, una vez más, conecta con el humanismo existencialista y marxista de los cincuenta y respalda de paso, no sin ironía, la versión del «contrato social» de Rousseau, en contra de la de Hobbes, núcleo originario del liberalismo. En las páginas finales de *Para una filosofía de la vida* no sólo se consideraba «amenazador» el «individualismo irresponsable y capitalista», sino que se reclamaba la necesidad de la utopía para la marcha del mundo:

> Se dirá que esto es una utopía. Claro que lo es. Pero el mundo ha caminado siempre hacia lo utópico (hacia lo que aún no es) y por la atracción de lo utópico. Lo importante es no negar la marcha del mundo, reconocer que esa marcha tiene un sentido, una dirección, acaso una meta. Si a esta meta se llegase al cabo de los siglos, no se me alcanza qué tarea podrían ya tener el mundo y el hombre sin ella. Podemos suponer que nos veríamos entonces devueltos a una perfección divinal originaria de la cual procedemos, o imaginar –como algunos filósofos sombríos– que sobrevendría la disolución de los seres y que todo volvería a comenzar de nuevo ¡fatigosa perspectiva sin duda! (Mañach 1953: 92)

La filosofía de Mañach puede definirse, por tanto, como un condicionalismo utópico, cuyas distancias con la filosofía política liberal, al uso en aquellos años, son discernibles. El raigal republicanismo del pensador cubano, a veces a flor de piel, a veces latente, parecía reaparecer en los cincuenta, en medio del arranque de la Guerra Fría y de la profunda crisis política que vivió Cuba tras el golpe de Estado del 10 de marzo de 1952 de Fulgencio Batista contra el gobierno legítimo de Carlos Prío Socarrás. *Para una filosofía de la vida*, el último esfuerzo serio de Jorge Mañach por poner en orden sus «curiosidades filosóficas» y por formular una teoría propia de los valores, está ahí como testimonio de la resuelta entrega al saber de este imborrable pensador cubano.

VII.

Castillos de Lezama

En el prólogo a la edición habanera de *Oppiano Licario* (1977), un año después de la muerte de su autor, Manuel Moreno Fraginals se disculpaba por ser un historiador que hablaba de una novela de José Lezama Lima. Acto seguido, la disculpa daba paso a una justificación del prólogo desde la amistad que lo unió a Lezama y, sobre todo, desde el pedazo de historia de Cuba o, más específicamente, de historia de La Habana que ambos compartieron. Moreno se sentía autorizado para escribir el prólogo de *Oppiano Licario* por considerarse amigo y contemporáneo de Lezama y por haber compartido con él La Habana de fines de los treinta y principios de los cuarenta.

Aunque nacido diez años después, Moreno ingresó en la Facultad de Derecho de la Universidad de La Habana en 1940, dos años después de que Lezama se graduó en esa misma institución. Durante la época en que Moreno estudió, entre 1940 y 1944, Lezama trabajó en el Consejo Superior de Defensa Social, un organismo de fuertes vínculos con la Escuela de Leyes, ubicado en la Cárcel de La Habana, en el castillo del Príncipe. De ahí que el poeta y el historiador –desde sus tiempos de estudiante de Derecho, Moreno definió su vocación de historiador con el ensayito *Viajes de Colón en aguas de Cuba* (1942), que ganó el Premio de la Sociedad Colombista Panamericana– se conocieran en aquel castillo:

> Nuestras primeras conversaciones extensas se originaron en la cárcel del Castillo del Príncipe, donde él tenía un misérrimo puesto burocrático, a cargo de no sé qué asuntos legales. «Dánae teje el tiempo

dorado por el Nilo» o «Narciso en pleamar fugándose sin alas» eran tan aparentemente incoherentes con Chicho Botella acusado de escándalo público en el billar de Yeyo, que la coexistencia real de ambas imágenes nos producía una sacudida cósmica. (Moreno Fraginals 2009: 294)

El Consejo Superior de Defensa Social, en el que trabajaba Lezama, había sido creado, de acuerdo con el artículo 192° de la Constitución de 1940, como una institución autónoma del poder judicial que se encargaría de «la ejecución de las sanciones y medidas de seguridad que impliquen la privación o la limitación de la libertad individual, así como la organización, dirección y administración de todos los establecimientos o instituciones que se requieran para la más eficaz prevención y represión de la criminalidad» y «tendría también a su cargo la concesión y revocación de la libertad condicional, de acuerdo con la Ley» (Cuesta 1974: 286). No se trataba, pues, de una institución ociosa o de una cárcel local, como generalmente se piensa, sino de un organismo nuevo, creado, según las premisas más avanzadas del derecho penal iberoamericano, durante el proceso de refundación de la República que siguió a la Revolución de 1933.

Lezama, que en el verano de 1939 había fundado *Espuela de plata* con su compañero de la Facultad de Derecho Guy Pérez Cisneros y el pintor Mariano Rodríguez, fue contratado en dicho Consejo Superior de Defensa Social en 1940, el mismo año de su creación. No es difícil imaginar que dicha contratación tuvo que ver con la tesis que dos años antes, en 1938, Lezama había presentado en la Universidad de La Habana para obtener el título de Doctor en Leyes. El título de dicha tesis era «La responsabilidad criminal en el delito de lesiones», y tan sólo por su tema no es difícil concluir que la rama jurídica en que se especializó el poeta fue el Derecho Penal. El joven autor del *Coloquio con Juan Ramón Jiménez* (1938) era, pues, un abogado penalista, como sus amigos Enrique Villarnovo y Manuel Menéndez Massana, con quienes había editado, en 1937, los tres números de la revista *Verbum*, «órgano oficial de la

Asociación Nacional de Estudiantes de Derecho» (Areta Marigó 2001a: 9-31).

Lezama hizo una vida universitaria intermitente y prolongada, entre 1929 y 1938, debido a los varios cierres de la Universidad de La Habana que se produjeron en aquella década revolucionaria. La propia concepción de la Facultad de Derecho y su claustro de profesores cambió notablemente en aquellos años. Una reforma de 1928, vigente hasta 1937, amplió el perfil académico de la Escuela de Leyes, que pasó a llamarse Facultad de Derecho y Ciencias Sociales. Aunque el plan de estudio preservó, en lo fundamental, el proyecto que Enrique José Varona elaboró en 1900 (Derecho Romano, Derecho Político, Derecho Canónico, Derecho Civil, Derecho Penal, Derecho Mercantil, Derecho Internacional, además de Filosofía y Sociología del Derecho o Historia General del Derecho), Lezama perteneció a una generación de juristas cubanos más expuesta a las humanidades, como se percibe en su formación histórica y filosófica[1].

Durante aquellos nueve años Lezama tomó clases de Filosofía Jurídica con el santanderino Emilio Fernández Camus, quien fue Decano de la Facultad y publicó en *Verbum* el largo ensayo «Hacia una nueva conciencia histórica» (1937), de Derecho Internacional con Antonio Sánchez de Bustamante y Sirvén, de Derecho Romano con Ernesto Dihigo y de Derecho Hipotecario con Manuel Dorta Duque –cuyo *Curso de legislación hipotecaria* (1937, La Habana: Verdugo) fue reseñado en *Verbum* por Víctor Amat (Areta Marigó 2001b: 180-191 y 211-218). Pero Lezama también pudo haber recibido cursos de Historia de la Filosofía con Roberto Agramonte y de Sociología del Derecho con Elías Entralgo, en sus últimos años de estudiante. Los tres autores que se citaban como guías espirituales

---

[1] Véase «Monografía de la Facultad de Derecho de la Universidad de La Habana», en *Revista de la Facultad de Derecho de México* 33-34, enero-junio de 1959: 73-80.

en el editorial de *Verbum* –Paul E. Moore, E. R. Curtius y Jacques Maritain– sintetizaban el perfil humanístico de aquella formación universitaria.

El área en que se especializó el poeta, Derecho Penal, era por entonces la de mayor desarrollo en Cuba y la que experimentaba más claramente el choque entre el viejo paradigma de la criminología positivista y las nuevas teorías funcionalistas del delito. Algunos juristas cubanos un poco mayores o contemporáneos de Lezama, como Diego Vicente Tejera García, Israel Castellanos González, Evelio Tabío, José Ramón Hernández Figueroa o Francisco Hernández Pla, hicieron aportes considerables al Derecho Penal, reconocidos en el campo jurídico iberoamericano. La formación humanista de aquellos abogados se refleja, claramente, en *Verbum*, cuyo editorial, escrito por Lezama, hablaba de la «exigencia de recalcar un estilo y una técnica de civilidad» para enfrentar las «equivocaciones radicales que dentro del *demos* suelen presentarse en forma de llamadas contradictorias y de antinomias irresolubles» (en Areta Marigó 2001b: 61).

La búsqueda de esa «equidistancia de la irresponsabilidad multitudinaria y del pragmatismo del especialista», de esa «suprema postura de dignidad disciplinante», propia de una cultura jurídica republicana, se observa en algunas obras de esa generación de abogados cubanos (en Areta Marigó 2001b: 62). Tejera García, Hernández Figueroa y Hernández Pla, por ejemplo, publicaron el tratado *La protección de la víctima del delito* (1930), que tuvo considerable resonancia en Hispanoamérica. Aquella renovación del pensamiento jurídico cubano se plasmó en la Biblioteca Jurídica de Autores Cubanos y Extranjeros creada por el exiliado español Jesús Montero, precisamente en 1930, y que editó a abogados de la isla y de Iberoamérica hasta que en 1961 fue intervenida por el gobierno revolucionario. Montero editó, también, a importantes juristas del exilio español afincados en México y Argentina, como Mario Ruiz Funes, autor de *Endocrinología y criminalidad* (1926), *El delincuente y la justicia* (1944) y *La crisis de la prisión* (1949), o Luis Jiménez de Asúa, autor de *Teoría jurídica del delito* (1931) y *Psicoanálisis criminal* (1940) (Cuadriello 2002: 120).

En los años en que Lezama estudiaba leyes en la Universidad de la Habana, el Proyecto de Código Criminal, elaborado por Fernando Ortiz en 1926, y toda la legislación penal derivada del orden constitucional de la primera República, en 1901, estaban siendo cuestionados por las nuevas corrientes postpositivistas[2]. La creación, en 1940, del Consejo Superior de Defensa Social, donde trabajó Lezama por cinco años, respondió a esa reformulación de la teoría penitenciaria que se vivió en Cuba a mediados de siglo. Dos contemporáneos de Lezama, Jesús A. Portocarrero y Miguel D'Estéfano Pisani, publicaron en la editorial de Jesús Montero tesis similares a la del joven poeta, como *Proyecciones actuales de la ciencia penitenciaria* (1944), del primero, y *Defensa social y peligrosidad* (1945), del segundo.

Un hábito de los estudios lezamianos consiste en insistir en la incomunicación entre los ambientes universitarios y jurídicos del autor de *Enemigo rumor* (1941) y la primera fase de su obra literaria, esa que podríamos enmarcar entre los cuadernos *Muerte de Narciso* (1937) y *Aventuras sigilosas* (1945) y que comprende, desde luego, las publicaciones de *Verbum*, *Espuela de Plata* y *Nadie Parecía*. El propio Lezama contribuyó al mito de una formación más autodidacta que académica y a la fabricación del personaje de poeta ensimismado, ajeno a la realidad social y política de la isla. Son conocidos, por ejemplo, los pasajes del capítulo noveno de *Paradiso* que Lezama dedica a Upsalón, la divinidad de la mitología escandinava que le sirve para nombrar la Universidad de la Habana.

A partir de las demandas narrativas de un *Bildungsroman*, Lezama describe la Universidad como un mundo erótico y evolutivo, más determinado por la congregación de jóvenes que por las enseñanzas

---

[2] Sobre el Código Penal de Fernando Ortiz, véase Díaz Quiñones 2006: 289-317.

del profesorado. Upsalón, con su gran escalinata de piedra, que «es su rostro, su tronco y su cola», como si se tratara de un monstruo mitológico, «tiene algo de mercado árabe, de plaza toscana, de feria de Bagdad; es la entrada a un horno, a una transmutación, en donde ya no permanece en su fiel la indecisión voluptuosa adolescentaria» (Lezama Lima 1988: 223). La Universidad es el lugar donde se descubre el sexo y la política, donde, en pocos minutos, se pasa de las manifestaciones estudiantiles y las reyertas con la policía a la turbación erótica y el drama de la amistad.

Al día siguiente de la manifestación del 30 de septiembre de 1930, en la que murió Rafael Trejo y que Lezama narra en tono homérico, Cemí sale de las «clases tediosas y banales» de la Facultad de Derecho y se va al patio de la Facultad de Artes y Letras, donde encuentra a su amigo Ricardo Fronesis, que estudia en esa escuela. La conversación entre ambos trasmite una visión sumamente crítica del mundo académico: Cemí reprocha a los profesores de leyes «que ni siquiera ofrezcan un material cuantitativo donde un estudioso pudiese extraer un conocer funcional que cubriese lo real y satisficiese metas inmediatas», mientras que Fronesis cuestiona al «vulgacho profesoral», que repetía el lugar común de que el *Quijote* de Cervantes era el fin de la escolástica medieval y de la novela de caballerías, por ser incapaz de ver «lo que hay de participante en el mundo del Oriente» y no advertir que Don Quijote es, en realidad, «un Simbad, que al carecer de circunstancia mágica, del ave rok que lo transporte, se vuelve grotesco» (Lezama Lima 1988: 239-240).

En esos pasajes, Cemí reconstruye la dualidad que experimentó el propio Lezama en aquellos años, como abogado y como poeta. Luego de reclamar la falta de sentido práctico de las leyes que le enseñaban en la Universidad, Cemí interviene en el debate literario suscitado por Fronesis, argumentando que la crítica literaria hispánica, desde Marcelino Menéndez y Pelayo, se estaba volviendo cada vez más burda por su incomprensión del barroco, «que es lo que interesa de España y de España en América», y por su «desconocimiento beatífico» del «centro» y el «contrapunto» de los escritores. Cemí reprocha a los profesores que reparen siempre en las menciones a las joyas incaicas en la poesía de Góngora, sin estudiar la relación entre Góngora y el Inca Garcilaso en Córdoba o el tema de los incas en la imaginación de Góngora o la «verdadera» amistad de este último con el Conde de Villamediana (Lezama Lima 1988: 241).

Las críticas de Cemí eran preguntas de historiador, inspiradas, tal vez, en los estudios históricos que Lezama realizó en la Facultad de Derecho. No es difícil advertir en las lecturas nocturnas que hace Cemí en su cuarto cerrado, entre polvos y yoduros antiasmáticos, algunos títulos del plan de estudios de Derecho. Herodoto, Tucídides o *Los doce Césares* de Suetonio, que lee la misma noche de la manifestación del 30 de septiembre, y filósofos como Aristóteles, San Agustín, Santo Tomás, Descartes, Pascal o Kant, tal vez los pensadores antiguos, medievales y clásicos más citados por Lezama, eran lecturas universitarias (1998: 233). No es imposible percibir en algunos comentarios de Lezama sobre estos autores, en diarios y cuadernos de apunte de la época, un tipo de reflexión marcada por los estudios de Historia Antigua, Derecho Romano, Derecho Canónico o Historia de la Filosofía que contemplaba su formación jurídica.

La idea de la «romanidad» en Lezama, a pesar de cierta flexibilización observable en los años cincuenta y sesenta, lleva la marca de aquellos estudios universitarios, y especialmente del libro *Derecho romano: sucesiones*, de su profesor y decano, el jurista español Emilio Fernández Camus, editado por la Secretaría de Educación en 1939 (Cuadriello 2002: 68). Lo romano aparece siempre asociado a una legislación universal cristianizada, a una matriz civilizatoria adoptable por todas las culturas de la humanidad. En textos de madurez, como la misma novela *Paradiso*, un ensayo sobre Federico García Lorca aparecido en *Lunes de Revolución* (1961) o «Imagen de América Latina», el artículo que escribió para el libro colectivo *América Latina en su literatura* (1972), coordinado por César Fernández Moreno, Lezama trasmitió una idea tradicional de Roma y su cultura, proveniente no sólo del derecho romano sino de la teología escolástica, otro componente de su educación jurídica y religiosa. En este último texto, Lezama volvía a razonar como historiador:

> La conquista y la colonización americana se desenvuelven en maneras muy opuestas a los cauces de la romanidad. Esta era un *corpus*, una fuerza de irradiación histórica que iba dilatando sus contornos históricos, la expresión de un mundo que había alcanzado una plenitud y que estaba convencido de la barbarie que lo rodeaba, aunque, en ocasiones, como sus escarceos por el Oriente, tuviera que pagar con el cambio de sus dioses, de sus creencias, perdiendo por la expansión su fuerza unificada y teniendo que adaptar la máscara de su dualismo imperial en Occidente y en Oriente. Pero todavía en sus conquistas de Inglaterra, Francia y España, la romanidad actuó desde un centro que llegaba a cubrir el contorno de los bárbaros. Impuso leyes, puentes, acueductos, carreteras, supersticiones, con un estilo, con una peculiar energía y con la altivez de un gesto inconfundible. (Fernández Moreno 1972: 462)

En aquellas páginas, Lezama no logra demostrar que la conquista y colonización españolas de América hayan seguido un patrón diferente al del imperio romano. Muchos republicanos de la primera generación de Hispanoamérica y muchos historiadores contemporáneos pensaron y piensan, precisamente, que el modelo imperial de Castilla fue Roma y que, en buena medida, Madrid logró imponerlo en América[3]. Pero el razonamiento histórico de Lezama llegaba hasta un punto conveniente y, a partir del mismo, optaba por una salida poética que corrigiera ideológicamente la historia. La idea del barroco como cultura de «contraconquista», que Lezama desarrolló en *La expresión americana* (1957) y otros ensayos, reaparecía aquí para sugerir que,

---

[3] Véase, por ejemplo, Garriga (ed.) 2010: 11-23.

al final, la resistencia americana a Castilla logró crear una cultura propia:

> Los celtas, los normandos, los bretones, los druidas, lograron con gran esfuerzo local la supervivencia de su imago ante aquella avalancha de legionarios que desfilaban incesantemente antes de acorralarlos y destruirlos. La gramática latina y la disciplina legionaria peinaban verbos y reducían naturaleza e instintos. Así, se ha podido afirmar que en la raíz de la expresión hispánica está la lucha entre la gramática latina y el celta rebelde. Y en los más grandes escritores nuestros, de Sarmiento a Martí, ese combate perdura con una eficacia que aconseja su permanencia. (Fernández Moreno 1972: 462-463)

Aún después del gesto afirmativo de *La expresión americana* (1957), Lezama continuó asociando a Roma con la ley cristiana universal. Esta asociación, heredera de la literatura y el pensamiento contrarreformistas del Siglo de Oro, que él tanto admiró, permitiría concluir que la idea de Roma, en Lezama, fue más ortodoxa que la idea de Grecia. Las críticas que hizo Lezama a *Junta de sombras* de Alfonso Reyes, por su escasa ponderación de las raíces orientales y específicamente egipcias del helenismo, como ha señalado el estudioso César A. Salgado, nos persuaden de un tratamiento diferenciado, propio de la tradición católica –ahora más patrística que escolástica– de esas dos culturas antiguas.

Pero la noción de Roma como portadora de una legislación universal permitiría un acercamiento más arriesgado al concepto de ley en la obra de Lezama. En este sentido, llama la atención que a diferencia de Kafka u otros escritores del siglo XX, no exista en la literatura lezamiana una imagen metafísica de la ley, que represente las estructuras jurídicas y políticas como absurdas, irracionales u opresivas. Hay en Lezama una actitud bastante reconciliada ante el derecho que no debe asociarse únicamente a su creencia en una ley natural y a la vez divina, como en Santo Tomás, sino a algo más concreto como su formación jurídica en La Habana de mediados del siglo XX.

En sus diarios y cuadernos de apuntes juveniles, de fines de los treinta, cuando estudiada Derecho en la Universidad de La Habana, Lezama hizo algunas anotaciones sobre el tema, y contrario a la imagen que trasmiten los citados pasajes de *Paradiso*, encontramos un intento, muy a tono con San Agustín y Santo Tomás, de reconciliar la ley con la fe, la naturaleza, el arte y la poesía. Glosando la eterna disyuntiva entre Descartes y Pascal, de la mano de Paul Valéry, Lezama creía encontrar una «raíz poética» no sólo en el segundo sino también en el espíritu geométrico del primero, ya que «creía en la mayor calidad de aquellos países que han tenido un Licurgo, que *a priori* le dictase sus leyes, más que en aquellos otros pueblos que han encontrado su legislación después de haber construido su experiencia sobre las agitaciones de su intimidad social». Descartes, concluye Lezama, «prefiere aquellas leyes que se escribían en versos» (González Cruz 2000: 439).

No habría que hacer demasiados esfuerzos para relacionar esta glosa con la transformación política que experimentó Cuba mientras Lezama era estudiante universitario. En la isla se estaba produciendo un cambio constitucional luego de varios años de «agitaciones», por lo que el lamento por la ausencia de un Licurgo que, a la manera de José Martí, hubiera trazado el curso legal de la nación desde su nacimiento, parece instalarse desde entonces en la obra de Lezama. En muchos textos posteriores encontraremos alusiones a esa ausencia de libro fundacional, de tablas de la ley originarias, que habrían cifrado el devenir de la isla. En el mismo comentario sobre Descartes, Lezama atribuye un sentido «poético» y, a la vez, «religioso» al filósofo francés cuando sostiene que la ausencia o la presencia de un Licurgo conducen al mismo fin por la vía de lo que llama «la verdad del arbitrismo católico» (González Cruz 2000: 439).

La noción del libre albedrío de Lezama no era, desde luego, liberal sino neotomista. De Cintio Vitier nos llega una insistencia en el predominio de la Patrística sobre la Escolástica en la formación de Lezama, que impide, a veces, reconocer que una idea tan central como la de «metáfora participante en la historia» está endeudada con el principio de las «especies sensibles impresas» de Santo Tomás de Aquino en la *Suma Teológica* (Beuchot 2004: 243-250). Sin embargo, aquel enfoque teológico o específicamente neotomista salvaba a Lezama de las representaciones metafísicas o diabólicas de la ley. En sus antípodas, Kafka, por ejemplo, pensaba que lo más «mortificante» de las leyes era su precedencia, es decir, esa condición de estar siempre dadas por la historia y las costumbres, de anteceder irremediablemente al individuo, que ve su libertad limitada desde que nace (Kafka 1979: 429-431). Este entendimiento entre la ley y la poesía nos regresa a la frase de Manuel Moreno Fraginals, anotada al principio, en el sentido de que los versos de *Muerte de Narciso* eran «aparentemente incoherentes» con el trabajo legal y penitenciario de Lezama en el castillo del Príncipe.

Tal vez esa sea también la explicación de la ausencia de imágenes metafísicas de los castillos en la obra de Lezama. Tres castillos habaneros marcaron la vida del poeta: La Cabaña, donde vivió de niño, mientras su padre era Director de la Academia Militar, situada en otro castillo, El Morro; el Príncipe, donde trabajó por cinco años, entre 1940 y 1945, en el Consejo Superior de Defensa Social; y La Fuerza, donde fue trasladado el acervo de la Biblioteca Nacional en 1938, año en que Lezama se graduaba de Leyes en la Universidad de la Habana. Esas fortalezas coloniales, construidas o reconstruidas por los Habsburgos y los Borbones para defender la ciudad de corsarios, piratas o enemigos atlánticos, aparecen como sitios mágicos en la obra de Lezama. Castillos emparentados con los que obsesionaban a José Ortega y Gasset, y que colmaban el paisaje visual del centro de España, como símbolos de la resistencia peninsular al liberalismo (Ortega y Gasset 1962, II: 423-424).

El castillo de La Fuerza, sobre todo, adquiere una connotación gótica en *Paradiso*, *Oppiano Licario* y varios ensayos de Lezama. Es en esa fortaleza, convertida en biblioteca, donde un vigilante nocturno, negro, le cuenta a José Cemí la historia del adelantado Hernando de Soto, quien dejó allí a su esposa, Isabel de Bobadilla, cuando partió a la conquista de La Florida y a la búsqueda de la Fuente de la Eterna Juventud. La leyenda estableció que doña Isabel subía diariamente a una de las torres del castillo a esperar el regreso de su marido, quien murió en La Florida y fue enterrado en el tronco hueco de un árbol y arrojado al Mississippi para evitar la profanación del cadáver por los indios. La leyenda se convirtió en mito cuando Hernando de Soto fue imaginado como un fantasma o un muerto viviente que navegaba desde el Mississippi hasta el puerto de La Habana y se reencontraba con su esposa en el castillo (Lezama Lima 1988: 241 y 291).

En varios de sus ensayos, Lezama transforma al «hechizado» Hernando de Soto en un «genitor por la imagen», que antecede, en la historia de Cuba, a la figura de José Martí, otro enterrado y desenterrado, que regresa a la tierra como «metáfora participante». Sin embargo, en *Oppiano Licario*, con más claridad que en *Paradiso*, el castillo de La Fuerza es ese espacio gótico, donde habita el fantasma del adelantado y, a la vez, la biblioteca: la casa de los muertos y la casa de los libros. En el puente levadizo de ese castillo es donde se encuentran José Cemí e Ynaca Eco Licario, la hermana de Oppiano, cerrando así el linaje iniciado en *Paradiso*. Cemí dice a Ynaca Eco: «mientras usted me venía a buscar al Castillo como biblioteca yo convertía la casa de los muertos en agencia de información» (Lezama Lima 2010: 117).

El propio Lezama parecía consciente de que su idea de la ley y, por tanto, su imagen del Castillo, eran diferentes a las de Kafka. Justo después de aquel pasaje de *Paradiso*, en el que se narra la primera visita de Cemí a la biblioteca, Lezama anota: «vio Cemí la sucesión pedregosa de la fortaleza y de inmediato pensó lo que harían Kafka o Cocteau con aquellos laberintos defensivos». Sin embargo, pocas oraciones después, recuerda su infancia asmática en El Morro y La Cabaña, a su padre, a caballo, moviéndose de noche entre una y otra fortaleza, y reitera su visión mágica del Castillo. No era el Castillo, para Lezama, el lugar de la ley, del poder, de la opresión, del absurdo o de la fuerza, sino el lugar de la resurrección:

> El mismo Castillo de la Fuerza parecía que estaba hecho para despedidas, reencuentros, bodas donde los desposados se separan antes de su primera noche de pasión. Era una piedra que receptaba en toda su entereza la marea lunar. Tenía algo de espejo para la configuración de lo invisible. Alguien se asomaba y la lámina de la bahía reflejaba con fijeza querenciosa la imagen que le ofrecía el pozo preparado. Estar en ese castillo era ya esperar el adensamiento del ectoplasma, del hueso que resista para la Resurrección. (Lezama Lima 1988: 242-243)

La imagen del Castillo como espacio de resurrección y la idea de Roma como imperio universal de la cristiandad no están desconectadas y, de hecho, es posible detectarlas en la primera poesía de Lezama, la escrita entre 1937 y 1945. Algunos poemas católicos de *Enemigo rumor* (1941), como «Sonetos a la virgen» o «A Santa Teresa sacando unos idolillos», no han sido detenidamente leídos, por ese laicismo predominante en los estudios lezamianos que intenta presentar a Lezama como menos católico de lo que era. Un tercer poema religioso de aquel cuaderno, «San Juan de Patmos ante la Puerta Latina», sostiene con claridad que la verdadera romanidad, para Lezama, era la cristianizada, es decir, la que había corregido el paganismo latino por medio del monoteísmo católico.

Desde los primeros versos, Lezama identifica el martirio de San Juan Evangelista, bañado con aceite caliente ante la Puerta Latina por orden del emperador Domiciano, como una prueba de que Roma se impone a sí misma. Primero Lezama transforma el calabozo del castillo en que es martirizado San Juan en un espacio donde se reproduce la imagen del «crucificado». Luego sostiene que San Juan, lo mismo que San Pablo, se gana a Roma ordenando que en cada lugar de martirio de los antiguos cristianos se levante una iglesia católica.

La transición entre el Olimpo de muchos dioses a la tierra de muchos templos católicos era el proceso histórico que hacía emerger la verdadera romanidad. De ahí que Lezama concluya que los romanos paganos, los precristianos, no eran verdaderos romanos:

> Los romanos no creían en la romanidad
> Creían que combatían sus pequeños dioses, hablando
> de la ajena soberbia, y que aquel Dios era el Uno que excluía,
> era el Uno que rechaza la sangre y la substancia de Roma.
> La nueva romanidad trataba de apretarse con Roma, la unidad como un órgano proclamando y alzando. (Lezama Lima 1994a: 64)

En esa idea de la romanidad había, desde luego, rastros de la lectura de los Evangelios, pero también de las clases de Derecho Romano en La Universidad de La Habana, donde le enseñaron que el primer acervo legislativo de esa tradición, el *Corpus Iuris Civilis*, había sido realizado por el emperador Justiniano, en el siglo VI, cuando el imperio romano consumó su cristianización. Baste tan sólo este breve apunte para subrayar, en consonancia con el testimonio de Manuel Moreno Fraginals, el peso que debieron tener, en la construcción de la poética literaria de José Lezama Lima, los estudios jurídicos, históricos y filosóficos que realizó en la Universidad de La Habana y su breve práctica del derecho entre 1938 y 1945.

VIII.

Gastón Baquero sube y baja las escaleras del tiempo

Hay en la poesía de Gastón Baquero un trasfondo narrativo o dramatúrgico que emerge por medio de escenas y retratos de la historia y la literatura universales. A diferencia de su gran amigo José Lezama Lima, Baquero no estudió derecho sino ingeniería agrónoma. Uno de sus primeros folletos en prosa fue *Pro-defensa del derecho de propiedad* (1945), en el que reunía tres artículos suyos en *Diario de la Marina*, donde afirmaba las premisas liberales sobre tenencia de la tierra ante un denodado reformismo agrario, que ascendía en Cuba desde los años veinte. Pero las imágenes históricas en la poesía y la prosa de Baquero provienen de un acervo muy parecido al de Lezama.

Desde sus primeros textos, ese acervo endeudado con lecturas de historia sagrada y antigua se expone como carta de presentación del poeta. En «Palabras escritas en la arena por un inocente», incluido en su primer cuaderno, *Poemas* (1942), el poeta se presenta como arquetipo de la inocencia frente al «doctor»: una suerte de terapeuta anti-psicoanalítico, que luego de diagnosticarlo con la enfermedad de la «inocencia idiota, inofensiva, útil e ignorante del arte de escribir», recomienda al paciente «volver a dormirse» (Baquero 1998: 43). El personaje del «doctor», que dice no llamarse Protágoras sino Anselmo, en una evidente contraposición entre el sofisma griego y la teología escolástica, encarna un saber adquirido, al que el inocente deberá llegar a través de la escritura, es decir, de la poesía. La forma primigenia de ese saber es la «historia de la antigüedad»:

En la antigüedad está parado Julio César con Cleopatra en los brazos.
Y César está en los brazos de Alejandro.
Y Alejandro está en los brazos de Aristóteles
Y Aristóteles está en los brazos de Filipo.
Y Filipo está en los brazos de Ciro.
Y Ciro está en los brazos de Darío.
Y Darío está en los brazos del Helesponto.
Y el Helesponto está en los brazos del Nilo.
Y el Nilo está en la cuna del inocente David
Y David sonríe y canta en los brazos de las hijas del Rey.
(Baquero 1998: 44)

A través del inocente David, Baquero se desplaza de la historia antigua a su otro archivo: la historia sagrada. Y de éste a la tercera y definitiva fuente, que será la historia de la cristiandad. Otra escena poderosa del poema nos ubica en tiempos del emperador Constantino, al año siguiente del Edicto de Milán, cuando arranca la cristianización del imperio romano. Baquero, que antes ha mencionado a la Emperatriz Faustina, a Juliano el Apóstata y al Patriarca Cirilo, intenta captar el momento de fundación de la Iglesia romana como despertar del inocente al saber o, lo que es lo mismo, de la poesía a la historia. Algunos versos de la escena, en los que el emperador toma un jugo de fresa o acaricia un faisán, encierran una fórmula retórica —y visual— que Baquero aprovechará a lo largo de toda su obra lírica:

El Emperador Constantino sorbe ensimismado sus refrescos de fresa.
Y oye los vagidos victoriosos del niño occidente.
Desde Alejandría le llegan sueños y entrañas de aves tenebrosas como la herejía.
Pasan Paulino de Tiro y Patrófilo de Shitópolis.
Pasan Narciso de Nerontas, Teodoro de Laodicea, el Patriarca Atanasio.
Y el Emperador Constantino acaricia los hombros de un faisán.
Escucha embelesado la ascensión de Occidente.

> Y monta caballo blanquísimo buscando a Arlés.
> El primero de agosto del año trescientos catorce de Cristo.
> Sale el Emperador Constantino en busca de Arlés.
> Lleva las bendiciones imperiales debajo de la toga.
> Y el incienso y el agua en el filo de su espada.
> (Baquero 1998: 52)

En su siguiente cuaderno, *Saúl sobre su espada* (1942), el segundo y el último que publicará en Cuba antes de exiliarse en España en 1959, el poeta se internaba en la historia sagrada. La fuente era el Primer Libro de Samuel, del Antiguo Testamento, donde se narra la muerte del rey Saúl y sus hijos. En la escena de la batalla contra los filisteos, Baquero vuelve a ubicar a David, el arpista ungido, siempre contemplado por Saúl. David, «con toda la frente colmada por el llanto ausente / después de las montañas como una reposada melodía / alejado del reino donde las sombras andan» o «asomado a la sombra de su cabello / como el silencio oculto en el trepidar de la batalla / asomado al balcón inerme de los ojos / con el cortejo de liras y fúnebres salterios» (Baquero 1998: 64).

El rostro de David contemplado por Saúl sirve a Baquero para trasmitir la locura del rey, su fuga hacia la «furia tranquila de las llamas», en «busca de las cenizas de sus hijos», y finalmente su suicidio. El exergo bíblico que presenta a Saúl como «vencido de Dios, lejano fundador de la sangre que niega» es sólo un pretexto para introducir la invocación de la pitonisa de Endor. Quien invoca es, en resumidas cuentas, el sobreviviente, es decir, el heredero, David, como antecesor genealógico de Jesús. Tanto esos primeros poemas, como otros dos sonetos, incluidos por Cintio Vitier en su antología *Diez poetas cubanos* (1948), «Génesis» y «Nacimiento de Cristo», instalaban la poética de la historia de Baquero en el referente católico.

Llama la atención, sin embargo, que en algunos de sus primeros ensayos sobre la poesía, Baquero prescindiera de ese referente. En «Los enemigos del poeta» (1942) en *Poeta* y «Poesía y persona» (1943) en la revista *Clavileño*, se utilizaban nociones cristianas como la del «sentimiento de participación» –tan caro también a Lezama–, pero no se hablaba del diálogo de la poesía con Dios sino con la «sustancia del universo» o con «la física o la epopeya de lo que no es» o con una «escatología celeste», siguiendo a Horacio (Baquero 2015: 3-8). Ya en ensayos de madurez, como «La poesía como problema» (1960) o «La poesía como reconstrucción de los dioses y del mundo» (1960), al año de su exilio en Madrid, Baquero abandonará aquel lenguaje pitagórico juvenil por una idea más plenamente católica de la poesía como «multiplicación de los gestos y las acciones de Dios» y, a partir de los casos de Apollinaire, Eliot, Pound, Saint-John Perse, Valéry y Rilke, leídos desde el prisma de Martin Heidegger en *Hölderlin y la esencia de la poesía* (1944), hablará de un «regreso del carácter sagrado del poeta» (Baquero 2015: 15, 18 y 24).

Lo que interesa aquí es identificar una técnica narrativa y plástica en la primera poesía de Baquero que irá desplegándose hacia otras imágenes históricas en su obra posterior. La articulación de escena y retrato, en el ademán de Constantino sorbiendo su refresco de fresa o de Saúl dejando caer su cuerpo sobre la espada, se repetirá en la poesía exiliada del cubano. En el poema «Memorial de un testigo», que da título al cuaderno de 1966, el poeta testifica su presencia en episodios que resumían la creatividad de la cultura occidental, como la composición de la «Cantata del café» de Bach o de *La flauta mágica* de Mozart, la pintura de los frescos del Vaticano de Rafael o la escritura de *Elegía de Marienband* de Goethe (Baquero 1998: 106-107).

Tanto como algunos hitos de la cultura, interesaban a Baquero los que Stefan Zweig llamaba «momentos estelares de la humanidad»: la primera conversación de Julio César y Cleopatra, el entierro de Pascal, los bailes de Luis XIV con sus calzones rojos, la derrota de Napoleón en Waterloo. En un verso del poema, Baquero llamaba a esos saltos «subidas y bajadas en las escaleras del tiempo», como las de una criatura transhistórica que recorre como un fantasma el devenir de la humanidad. En otro poema del mismo cuaderno, «Relaciones y epitafio de Dylan Thomas», hace un juego analógico similar, convirtiendo al poeta galés en una suerte de Orlando woolfiano, hijo secreto de Gertrude Stein y Bertolt Brecht, biznieto de Nietzsche, sobrino de Hemingway, novio de Rimbaud, valet de chambre de Isidore Ducase, robafichas de Dostoievski en Baden Baden, office boy de Strindberg y taquígrafo de Henry Miller y Ezra Pound (Baquero 1998: 139).

En la poesía de Baquero, a veces la escena es el subterfugio y el retrato la finalidad. Como en las siluetas de san Pablo, Nefertiti, Jean Cocteau o el Barón de Humperdansk, con su «cara granítica» y sus ojos clavados en «el parque de abetos que rodeaba el castillo» (Baquero 1998: 163). O como en el estremecedor soneto «Epicedio para Lezama», escrito tras la muerte del autor de *Paradiso* en 1976 e incluido en *Magias e invenciones* (1984), donde el amigo aparece como «reverso de Epiménides, ensimismado», que «contemplaba el muro y su misterio» y «sorbía, por la imagen de ciervo alebrestado / del unicornio gris el claro imperio». Esta última noción, imperio, acogía en Lezama y en Baquero alusiones a una cultura y un saber propios, es decir, a una soberanía intelectual, de pocos equivalentes en América Latina: Borges, Reyes, Paz y alguien más (Baquero 1998: 158).

La «transustanciación de lo que es», a la que aludía Baquero en sus primeros ensayos, se manifiesta en estos retratos. Como en la «charada» que dedica a Lydia Cabrera, en la que el uno caballo, el dos mariposa y el tres marinero se confunden y metamorfosean. El poeta escribió aquella charada, que también dedicó en carta «a Gerardo Diego por sus días habaneros», en 1968 (Baquero 2014: 216). Pero desde 1955, cuando celebró en *Diario de la Marina* la aparición de *El Monte*, de la importante antropóloga cubana, Baquero advertía la poderosa significación de la numerología y el bestiario, la «animalia vernácula y el repertorio de fórmulas» de los cultos afrocubanos. El retrato de Cabrera como «criolla laboriosa» contenía un mentís al Conde de Keyserling en el sentido de que para encontrarse a uno mismo no había que dar la vuelta al mundo sino adentrarse en lo propio (Baquero 2015: 128-129).

Tal vez, el mejor equilibrio entre retrato y escena no se encuentre en sus poemas a Lezama o Cabrera sino en la emblemática composición «Marcel Proust pasea en barca por la bahía de Corinto» (1973), también incluida en *Magias e invenciones*. Desde los primeros ensayos del poeta cubano se establecía una tensión entre aquellas fuentes del saber, ligadas a la historia antigua y sagrada, y la literatura moderna del siglo xix y, sobre todo, del xx, personificada en poetas como T. S. Eliot y Ezra Pound y narradores como Thomas Mann y Marcel Proust. Lo que intenta Baquero en este poema es una reconciliación entre esas coordenadas que, equivocadamente, algunos de sus contemporáneos entendían en pugna.

No es Proust el protagonista del poema sino el viejo filósofo presocrático Anaximandro de Mileto, quien, rodeado por las muchachas más bellas y florecidas de Corinto, intenta resguardarse del sol con una sombrilla mitad verde, mitad azul. El anciano había enmudecido, nada pensaba y nada decía: sus viejas elucubraciones sobre el principio o *arjé* de la naturaleza se habían adormecido en su mente. Su única preocupación parecía ser la correcta postura del quitasol verdiazul que lo resguardaba del sol, frente a las muchachas de Corinto. De pronto, al final del poema, Baquero ubica a un hombrecito que atraviesa remando la bahía, «con fatigada tenacidad de asmático». Al verlo acercarse, con la mirada fija en la sobrilla de Anaximandro, el filósofo sonríe. Es entonces que Baquero, sólo al final de la pieza, introduce plenamente a Proust en la trama:

> Esa noche, poco antes de irse a dormir,
> Marcelo Proust gritaba exaltado desde su habitación:
> «Madre, tráigame más papel, traiga todo el papel que pueda.
> Voy a comenzar un nuevo capítulo de mi obra.
> Voy a titularlo: "A la sombra de las muchachas en flor"».
> (Baquero 1998: 162)

Como el anciano filósofo milesio, la poesía del viejo exiliado cubano pareció aferrarse a aquel formato de la escena y el retrato. Varios de los textos reunidos en su último cuaderno, *Poemas invisibles* (1991), instalaban aquellos divertimentos narrativos en la marca personal de una escritura. En «Con Vallejo en París –mientras llueve», el trueque de los arquetipos que constantemente produce Baquero mezcla las figuras del poeta peruano, el patriarca Abraham y el emperador Julio César. También Vallejo es llamado Adán o Abel, en un momento del poema, toda vez que Baquero quiere trasmitir el mensaje de que el autor de *Trilce* fue una suerte de primer hombre o espécimen que resumía la capacidad de dolor –«pararrayos del sufrimiento», dice– de todo el género humano (Baquero 1998: 250). Antes, en un conocido ensayo sobre Vallejo, el poeta cubano había definido al peruano como «el poeta puro de América»: un «indio tenaz que hizo una política relativa al diálogo con Dios» y que, sin hacer «americanismo, en el sentido folklorista, es el más representativo de lo americano» (Baquero 2015: 381).

Otra pieza similar, también de tema latinoamericano, es «Manuela Sáenz baila con Giuseppe Garibaldi el rigodón final de la existencia». Gastón Baquero fue un gran lector de libros de historia de América Latina. Su interés por el proceso de conquista, colonización y evangelización de las civilizaciones prehispánicas, por la epopeya de la independencia de los viejos virreinatos borbónicos y por toda la literatura regional se plasmó en los ensayos de su volumen *Indios, blancos y negros en el caldero de América* (1991) y en el apartado «Escritores hispanoamericanos de hoy», incluido en el libro de prosas que Alfonso Ortega Carmona y Alfredo Pérez Alencart compilaron para la Fundación Central Hispano en 1995 (Baquero 1991: 15-18 y 1995: 152-190).

En «Evocación de Bolívar», un texto escrito en 1963, con motivo del bicentenario del Libertador, Baquero seguía la costumbre de pensar al caraqueño como segundo Colón de las Américas. La grandeza de Bolívar, como pensador y estadista, era incontrovertible según el poeta cubano. Pero a esa admiración republicana agregaba Baquero algunas observaciones propias de una poética de la historia, similar a la de Lezama Lima, Eliseo Diego y otros poetas del grupo *Orígenes*. Apuntaba, por ejemplo, que el caballo de Bolívar había bebido las aguas del Amazonas, el Orinoco y el Plata, y sugería que esa confluencia de grandes ríos, en el estómago del animal, pasó a la sangre del prócer caraqueño por las piernas. Bolívar, además, era grande por su «infortunio», por una soledad y un sufrimiento finales, parecidos a los de José Martí, que cristianizaban al padre de las repúblicas americanas. Y hasta se tomaba Baquero la licencia de introducir «un tema en imprudencia», el de María Mancebo, la nodriza cubana que amamantó al hijo de doña Concepción Palacios (Baquero 1991: 163-172 y 1995: 191-204).

En aquellas pesquisas bolivarianas, Baquero dio con un *Epistolario de Manuelita Sáenz*, editado por el Banco Central de Ecuador, que le reveló una personalidad hasta entonces desconocida por el cubano. En una prosa titulada «La verdadera Manuelita Sáenz» el poeta dio cuenta de aquella sorpresa, aquilatando la cultura y el discernimiento político de la quiteña, amante y colaboradora de Bolívar (Baquero 2014: 191-194). Hasta se tomaba Baquero la libertad de cuestionar el machismo de José Martí, quien echaba en falta la feminidad de Gertrudis Gómez de Avellaneda, por sus vastos dones intelectuales. A Baquero, en cambio, le parecía sensual la mezcla de sabiduría y coraje de Manuela Sáenz y se pregunta por el misterio de la separación final entre el Libertador y su amante, luego de que ésta le salvara la vida en el Palacio de San Carlos de Bogotá, en 1828.

En su poema, Baquero sitúa a Manuelita en su exilio final en la playa de Paita en Perú, a donde fue a parar, expulsada de Quito por el severo republicano Vicente Rocafuerte, en 1835. A esa playa, donde también vivió sus últimos días otro íntimo de Bolívar, su maestro Simón Rodríguez, llegó en 1851 el patriota italiano Giuseppe

Garibaldi, en su segundo viaje a América. La escena, narrada en las memorias del propio Garibaldi y recreadas por el biógrafo Víctor Wolfgang von Hagen en el clásico *Las cuatro estaciones de Manuela* (1953), sirve a Baquero para fantasear con un deseo de posesión sexual de Manuela por Garibaldi: «Mi nombre es Garibaldi, dijo, vengo a besar su mano, vengo a que me deje contemplarla desnuda, acariciar lo que Él adoró». Y continúa: «Dante nos ha enseñado a desposarnos con lo inalcanzable, con todo lo prohibido. Voy a desnudarme, señora, para yacer junto a usted. Quiero que su cuerpo pase al mío el calor de aquel Hombre, su furia infantil para hacer el amor, su sed nunca saciada de poseerla a usted en cuerpo y alma y cubrirla de hijos» (Baquero 1998: 261). Sólo que, como anotaba Ricardo Palma en una de sus *Tradiciones peruanas*, Manuelita Sáenz tenía por entonces 56 años y yacía paralítica, acompañada de su leal amigo Simón Rodríguez.

La misma estructura de una cápsula narrativa, poetizada, leemos en «Oscar Wilde dicta en Montmartre a Toulouse-Lautrec la receta del cocktail bebido la noche antes en el salón de Sarah Bernhardt», también incluido en *Poemas invisibles* (1991). Baquero tomaba la anécdota de un escrito de Roland Dorgelès, en el que se describía una cena en casa de la Bernhardt, en París, donde Wilde, a petición de la actriz, reveló la fórmula de un «raro» brebaje al «dulce» pintor. El poema de Baquero era, estrictamente, la receta: zumo de limón verde de Martinica y de piña de Barbados, «cultivada por brujos mexicanos»; elixir de Maracuyá y ron de Guayana… Según avanzaba la descripción de Wilde, la bebida se volvía otra cosa: una pócima mágica, un néctar de culto. Había que agregar «dos gotas de licor seminal de un adolescente, otras dos de leche tibia de cabra de Surinam, dos o tres adarmes de elixir de ajonjolí». La ironía se reservaba para el final, cuando Wilde decía: «Y nada más, eso es todo: eso, Señor de Toulouse, es tan simple como bailar un cancán en las orillas del Sena» (Baquero 1998: 266).

Otro poema más de aquel último cuaderno de Baquero, «Luigia Polzelli mira de soslayo a su amante, y sonríe», pone de manifiesto la picardía y el humor que se afinaban en la vejez del poeta. El cubano sugiere que la esposa de Joseph Haydn era deseada por un archiduque, suponemos, de la casa Esterházy, a quien llama Teobaldo el Giboso o Teobaldo el de la Giba. Un momento hilarante del poema es cuando el príncipe, luego de encargarle a Haydn una ópera sobre un «hombre feliz a quien su mujer lo engaña», desnuda con la mirada a la esposa del maestro y «salta de cortina en cortina como un sapo por el largo pasillo», persiguiendo a la bella Luigia Polzelli (Baquero 1998: 267). La dramaturgia de Baquero, en aquellas composiciones, adquiere un tono bufo o de opereta que recuerda por momentos, ya no a Lezama o a Diego, sino a Virgilio Piñera, Guillermo Cabrera Infante y Reinaldo Arenas.

La poética de la historia que se plasma en estos poemas de Baquero está mayormente localizada en Europa. Pero África y América son enclaves siempre a la mano en la cartografía mental del cubano. Si en el poema «Memorial de un testigo» Baquero se imagina dentro de un linaje refinado de la cultura occidental, en otras composiciones como «Negros y gitanos vuelan por el cielo de Sevilla» o «Invitación a Kenia» festeja la civilización y el «lenguaje del tacón», el continente de los leopardos bajo la luna. África está más impresa en la poesía y la prosa de Baquero de lo que tradicionalmente reconoce una crítica, que extiende los prejuicios raciales de algunos poetas de *Orígenes* a todos los escritores cercanos a Lezama.

«Nada escapó a su avidez de estudioso y compromiso con Dios y la Historia», dice Alberto Díaz-Díaz, uno de sus más constantes estudiosos (Baquero 2014: 15). Pero insiste el editor de los ensayos del cubano en asumirlo, ante todo, como hispanista. ¿Es suficiente esa definición para captar la poética de la historia del autor de *Memorial de un testigo*? No lo creo. Es cierto que en muchos de sus ensayos Baquero muestra la inclinación a registrar el momento del contacto con España de varios letrados de mediados de siglo, como Arturo

Farinelli, Maurice Barrès y Paul Claudel, tratando de encontrar en algún núcleo de lo hispano-católico la esencia de la cultura mediterránea (Baquero 2014: 66, 106 y 121). Pero las resonancias de Baquero desbordan ese territorio: ahí está su admiración por los grandes modernistas americanos, Eliot y Pound, o sus lecturas de clásicos alemanes como Goethe y Mann.

En todo caso, cualquier dibujo de la cartografía espiritual de Baquero no podría desentenderse del profundo americanismo que recorre su poesía y su prosa. Un americanismo que atisba el momento en que el Inca Garcilaso de la Vega, en un rincón de Córdoba, se sienta a escribir los *Comentarios reales* y la *Historia general del Perú*, como testimonio de la mezcla de razas e ideas que se fraguó entre España y América. Si Baquero piensa a Francia desde España también piensa la península desde América, como prueban sus notas sobre las estancias americanas de Ramón Menéndez Pidal y Manuel Gómez Moreno en Buenos Aires, Lima o Quito. Baquero comprende que el concepto de «lo americano implica una disrupción con Europa», pero supone que esa tensión comienza con la propia España (Baquero 2014: 150).

El peso de la hispanidad en el americanismo de Baquero lo lleva a hacer afirmaciones insostenibles, como la de que el «sentimiento de independencia» de Bolívar «no tiene un origen norteamericano o francés: es netamente español» (2014: 150). O a recaer en la rancia genealogía de un separatismo republicano de espíritu hispánico, más heredero de Hernán Cortés y los conquistadores que del pensamiento ilustrado y liberal del siglo XVIII. Pero el americanismo se recobra en las peregrinaciones imaginarias a las batallas de Ayacucho y Carabobo y a las bibliotecas de Andrés Bello, Gregorio Gutiérrez González y Miguel Antonio Caro, donde leyó la celebración física y espiritual del Nuevo Mundo.

La poética de la historia de Gastón Baquero, en verso y prosa, atraviesa las coordenadas de Estados Unidos y América Latina, Europa y África, y postula un lugar para la rememoración del orbe por medio de la escritura. Hay algo oceánico y viajero en ese empeño que inevitablemente habrá que asociar con la experiencia de un escritor cubano que a sus 45 años, en pleno reconocimiento y creatividad, se ve obligado a exiliarse en el Madrid del franquismo tardío y, desde allí, proyectar su obra. A pesar de aquel desplazamiento vital, la escritura de Gastón Baquero siguió una ascensión circular que lega una de las miradas más abarcadoras al cruce de letras en el Atlántico del siglo xx.

IX.

SÍ Y NO AL PSICOANÁLISIS

Como en la mayoría de los países latinoamericanos y caribeños, en Cuba la recepción del psicoanálisis, durante la primera mitad del siglo XX, se movió entre la curiosidad, la resistencia y la asimilación. Pero en el Caribe hispano, como prueba un vistazo a la historia intelectual de Puerto Rico o República Dominicana, aquella recepción fue más lenta y limitada que en otros países de la región como México y, sobre todo, Argentina. No hay una explicación sencilla para el fenómeno, pero, en todo caso, valga la paradoja de que un medio intelectual y específicamente filosófico, como el habanero, tan marcado por la influencia de José Ortega y Gasset –que escribía sobre Sigmund Freud desde 1911 y sus años de estudiante en Marburgo y hasta editó unas *Obras completas* del pensador vienés, prologadas por él mismo, en 1918–, no haya alcanzado alguna familiaridad con el psicoanálisis hasta la década de los cincuenta (Gracia 2014: 322).

En su estudio *Freud's Mexico* (2010), Rubén Gallo desandaba aquel itinerario, en el gran país mesoamericano, por medio de relecturas del poeta y cronista Salvador Novo y el filósofo Samuel Ramos, entre los años veinte y treinta, donde observaba aproximaciones a la obra freudiana que oscilaban del morbo a la tensa asunción (Gallo 2010: 45-51 y 69-74). Ramos, por ejemplo, que en el clásico *El perfil del hombre y la cultura en México* (1934) no había sido un lector tan favorable a Freud como Salvador Novo en su «Estantería» de *El Universal*, era atacado en el *Excelsior*, uno de los periódicos más influyentes del país, por ser un defensor del psicoanálisis, «esa escuela deprimente que recoge los detritus sociales para hacerlos objeto de estudio, y luego, mediante falsas generalizaciones presentarlos como tipos representativos» (Gallo 2010: 71)[1].

Como en tantas otras cosas, Alfonso Reyes era una excepción, ya que había entrado en contacto con la obra de Freud en Madrid, desde los años veinte. En un apunte sobre los sueños de Descartes, Reyes elogiaba la interpretación freudiana de los sueños, pero colocando al psicoanalista vienés en una tradición más larga de hermeneutas de lo onírico, que arrancaba con Artemidoro en la antigua Grecia. Lo que atraía a Reyes del método freudiano era la imprecisión o la ambigüedad, que no aspirara a «una interpretación cabal de los sueños», sino apenas a una «revelación, en sus particulares asociaciones, del valor afectivo de cada sueño» (Reyes 1997; XII: 98). Esa «aura de revelación» o de «inspiración sobrenatural» era la misma que Reyes advertía en los comentarios del racionalista Descartes sobre sus visiones.

La tesis de Gallo es que, luego de Novo, Ramos o Reyes, habrá que esperar a *El laberinto de la soledad* (1950) de Octavio Paz para encontrar un pleno discernimiento de la obra Freud en el campo intelectual mexicano. Especialmente, el ensayo *Moisés y la religión monoteísta* (1939) causó una poderosa impresión en Paz, que se tradujo en un esfuerzo analógico por comprender la psicología del nacionalismo mexicano en clave de revelación y profecía. Pero Gallo sugiere otra vía paralela a la de la literatura y la filosofía, menos visible y más nutrida, donde rastrear la recepción del psicoanálisis en México en la primera mitad del siglo XX: la criminalística y el derecho penal. Menciona, a propósito, el caso de Raúl Carrancá y Trujillo, autor de un *Derecho penal mexicano* (1937), que formó parte de la biblioteca de Freud (Gallo 2010: 199-204).

Carrancá fue, por cierto, el abogado defensor de Ramón Mercader, el estalinista catalán asesino de León Trotski, que fuera asilado

---

[1] Véase Salvador Novo 2016: 300-301.

por el gobierno de Fidel Castro y falleciera en La Habana en 1978, una historia recientemente contada por Leonardo Padura y John P. Davidson[2]. Es en Cuba, durante el periodo más soviético del socialismo cubano, entre los años sesenta y ochenta, donde toma cuerpo la mayor impugnación del psicoanálisis en la cultura latinoamericana. Las reacciones del catolicismo y el liberalismo, en la primera mitad del siglo, contra la sexualización del saber y la vida que, supuestamente, promovía el psicoanálisis, nunca alcanzaron el nivel de la refutación orgánica que promovieron la psiquiatría y la psicología soviéticas en Cuba.

El estudioso argentino Mariano Ben Plotkin ha estudiado en detalle aquellas reacciones católicas y liberales en las primeras décadas del siglo XX. Reservas que fueron aminorándose o superándose a partir de la difusión que la obra de Freud en publicaciones de los años veinte y treinta como las revistas letradas *Nosotros* y *Sur* y, también, de la cultura popular del Río de la Plata, como *El Hogar*, *Crítica* y *Jornada* (Ben Plotkin 2001: 12-42). Luego Plotkin se desplaza a la década de los cuarenta, cuando se fundó la Asociación Psicoanalítica Argentina y comenzó a institucionalizarse la práctica clínica, en dimensiones que no conoció ningún otro país latinoamericano hasta los años setenta, por lo menos (2001: 52-68). En el arranque de la Guerra Fría, mientras en Cuba se armaba la gran interpelación soviética, en Argentina se producía un auténtico «reino» o colonia aventajada del psicoanálisis mundial (2001: 84-89.

En Argentina, como en Europa occidental, el psicoanálisis se mezcló con el marxismo desde los años cuarenta, como ilustra, entre tantos otros, el caso de la exiliada judeo-austriaca Marie Langer. Cuando Erich Fromm, desde México, comienza a diseñar la colección de psicología del Fondo de Cultura Económica, en los años cincuenta, siguiendo los referentes de la Escuela de Frankfurt, donde Marx y

---

[2] Véase Padura 2009: 318-321.

Freud se complementaban, ya en Argentina el diálogo entre psicoanálisis y marxismo era bastante común en círculos intelectuales de la izquierda (Bosteels 2012: 12-13). Ese diálogo, tanto en la Escuela de Frankfurt como en la obra de Fromm de los años cincuenta y sesenta, incluía una posición claramente crítica de la URSS, antes y después de Stalin, de los socialismos reales de Europa del Este y del marxismo-leninismo ortodoxo (Saavedra 1994: 152).

Habría que decir que la aproximación a Sigmund Freud y el psicoanálisis desde el marxismo heterodoxo, en América Latina, es tan temprana como el primer número de la revista *Amauta* de José Carlos Mariátegui, en Lima, en septiembre de 1926. Allí apareció el ensayo «Resistencia al psicoanálisis» de Freud, que había aparecido originalmente, en alemán, en la revista vienesa *Imago*, que editaban Otto Rank, Hans Sachs y el propio Freud. La mayoría de los artículos traducidos en *Amauta* no identificaban a sus traductores, sólo remitían a la leyenda:«traducido expresamente para *Amauta*». Pero si el texto se tradujo de su versión en alemán, y no de la francesa de *La Revue juive*, probablemente el traductor haya sido Miguel Adler, un judío socialista en Lima, muy importante en la difusión del entendimiento entre psicoanálisis y marxismo.

El ensayo de Freud era una suerte de manifiesto personal sobre las diversas oposiciones que tuvo que enfrentar el psicoanálisis por parte de la ciencia, la medicina, la filosofía, la religión, la moral e incluso el arte. Freud consideraba natural la reacción de la moral y la religión, pero se extrañaba de la resistencia de la medicina y, sobre todo, la filosofía, ya que eran formas del saber entregadas a la búsqueda del conocimiento y la verdad (Freud 1993, XV: 2802). Los médicos, «embargados por una posición materialista frente a lo psíquico», no aceptaban la realidad del subconsciente, pero tampoco los filósofos, que a pesar de ofrecer algunas de las fuentes básicas del pensamiento de Freud, en la obra de Platón o Schopenhauer, consideraban lo «psíquico como un fenómeno de la conciencia» (1993, XV: 2803).

Pero lo realmente atractivo del alegato de Freud, para Mariátegui y los marxistas latinoamericanos que lo rodeaban, era la tesis de que el psicoanálisis era víctima de una «hipocresía cultural» de la sociedad burguesa, que proyectaba un «sentimiento de inseguridad» y una «imprescindible precaución», que «prohibía toda crítica y discusión al respecto». Freud hablaba literalmente de un «sistema» de la moral burguesa, basado en la «corrección» y la «rigidez de la represión instintual», para el que la teoría y la práctica psicoanalítica eran «enemigos de la cultura» y «peligros sociales» (1993, XV: 2805). Estos pasajes y aquellos en los que Freud agregaba el antisemitismo a las resistencias al psicoanálisis debieron haber provocado la simpatía de Mariátegui y de algunos de los judíos socialistas que lo rodeaban, como el propio Miguel Adler, Noemí Millstein y la indigenista Dora Mayer.

Los estudiosos más atentos del psicoanálisis en América Latina, como Gallo y Plotkin, advierten, como decíamos, otra ruta de recepción de las ideas de Freud que es la del derecho penal. Probablemente, en Cuba, algunos de los primeros lectores serios de Freud hayan sido estudiantes de la facultad de leyes de la Universidad de La Habana que, como el joven José Lezama Lima, en los años treinta, estudiada los libros del jurista republicano español, exiliado en Buenos Aires, José Jiménez de Asúa. En *Psicoanálisis criminal* (1940), un libro editado en Buenos Aires por Losada y en La Habana por Jesús Montero, Jiménez de Asúa seguía la ruta de la recepción de Freud en España, abierta por Ortega y Gasset, y proponía una aplicación de tesis psicoanalíticas –y no únicamente de técnicas, como la asociación de palabras– a la criminología, con un fuerte énfasis en las causas económicas y sociales de la delincuencia[3].

Otra vía de recepción del psicoanálisis, emparentada con el derecho penal, fue la pedagogía infantil. Pedro Marqués de Armas ha

---

[3] Véase «El psicoanálisis y el diagnóstico de los hechos en los procedimientos judiciales» (Freud 1973, II: 1277-1284) y Seguí 2012: 24-29.

recordado que Salvador Massip y Juan Portell Vilá, desde los años diez y veinte, reseñaban ideas de Freud, Adler y Jung aplicables a la promoción de la «higiene mental» y la «educación sexual» de los niños (Marqués de Armas 2017: en línea). También desde esas épocas hay alusiones a Freud en textos de Fernando Lles y Roberto Agramonte y hasta un largo ensayo de Carl Gustav Jung en dos de los últimos números de la *Revista de Avance*, traducido por Jorge Mañach (Jung 1930). Pero es partir de los años cuarenta, después de la muerte de Freud, que comenzamos a percibir una incorporación del psicoanálisis como referente sostenido del campo intelectual cubano.

Hay apuntes muy tempranos de Lezama sobre Freud, como aquel de su *Diario* de 1939, donde el poeta cubano proponía pensar al padre del psicoanálisis como un «contemporáneo» de Debussy y Picasso, es decir, un pensador que se movía entre el impresionismo y el cubismo, entre lo impreciso y lo multifacético (González Cruz 2000: 100 y Lezama Lima 1988: 250, 261, 304). Sin duda, aquellos primeros contactos de Lezama con la obra Freud también estuvieron ligados a su amistad con María Zambrano, quien había escrito en la Habana, en el año de la muerte de Freud, su ensayo «El freudismo, testimonio del hombre actual» (1939), donde se valoraba tensamente la teoría sexual del vienés. Zambrano, siguiendo a José Ferrater Mora, en un artículo publicado en la revista habanera *La Escuela Activa*, definía el freudismo como una «religión de nuestra época», que rendía culto a «dioses clandestinos» (Zambrano 2007: 20-21).

Zambrano reconocía la «genialidad», la «sabiduría», la «astuta suavidad» de Freud y el acierto de una hermenéutica de los sueños basada en el concepto de revelación (2007: 23-26). Lamentaba, en cambio, la dimensión borrosa que se asignaba a la conciencia en la teoría psicoanalítica. Una dimensión, que en crítica paralela al marxismo y al psicoanálisis, la pensadora española no dudaba en llamar «superestructural» (2007: 28). En ese sentido, el freudismo no sólo era una religión sino una nueva versión del naturalismo decimonónico, que «destronaba» la conciencia o la hacía «naufragar en un mar extraño y enemigo que la ahoga» (2007: 29). La peor consecuencia de la ambición o la soberbia curativa del psicoanálisis era, según Zambrano, el parricidio: al «destruir la vida del hombre como hijo», el psicoanálisis amenazaba el humanismo cristiano.

A pesar de que la marca de esta lectura de Zambrano es perceptible en varios textos juveniles de Lezama –y en el flanco más conservador del catolicismo origenista–, la plena asimilación de Freud por el cubano y otros escritores de su generación es tardía, a partir de los años cincuenta, como prueba la presencia del fundador del psicoanálisis en *Paradiso* (1966), su gran novela. Aquí Lezama menciona a Freud varias veces: unas, reproduciendo estereotipos como el de que para el pensador vienés la sexualidad únicamente estaba relacionada con el falo, el ano, la boca y la vulva, pero otras involucrándolo creativamente en su interpretación de la androginia. Pero la mayor audacia de Lezama consistió en citar con naturalidad a Freud en los años setenta, en medio de la sovietización de la cultura cubana, como cuando afirmaba que las «grandes figuras del siglo xx» actuaron por fuera de las «cátedras universitarias», como Freud y Einstein (González Cruz 2000: 102).

Desde los años cuarenta, filósofos como Jorge Mañach aludían con frecuencia al psicoanálisis. Lo hace, por ejemplo, en un conferencia en 1947, en La Habana, con motivo del cuarto centenario de Miguel de Cervantes, que dio lugar a su ensayo *Examen del quijotismo* (1950). Aquí Mañach intentaba pensar el quijotismo, como mentalidad de las naciones hispánicas, desde las ideas del psicólogo suizo Carl Gustav Jung y el psicoanálisis cultural. Las tesis de Jung sobre el inconsciente colectivo y los arquetipos simbólicos no sólo eran útiles para interpretar las religiones y los mitos sino otras formas de la mentalidad social, como las asociadas a la moral pública y la cultura política, que emergen por medio de la literatura y el arte. Así describía Mañach el pensamiento jungiano en La Habana de los cuarenta:

> A la consciencia propiamente dicha de un escritor se incorpora siempre un mundo de aprehensiones que yacen como larvadas en su entraña psíquica: arrastres de una conciencia de grupo que se ha sumergido en la habitualidad, ahogadas vivencias personales, contagios de los que no ha quedado huella aparente. De ahí que una obra de mucha densidad creadora signifique casi siempre más para el lector o para el espectador que para quien la hizo. La sonrisa de la dama de Leonardo puede no haber sido más que un ameno accidente; pero eso no borra la aureola de misterio que nos intriga, ni nuestro derecho a explicarnos su peculiar encanto. (Mañach 1997: 11)

Y es curioso que Mañach mencionara a Leonardo a propósito de Jung y no de Freud, ya que algunos de los textos más conocidos del vienés en La Habana eran los relacionados con la literatura y el arte, como «Un recuerdo infantil de Leonardo da Vinci» o «El Moisés de Miguel Ángel» (Freud 1973, II: 1577-1619 y 1876-1891), al que aludía Lezama. En un texto posterior, *Para una filosofía de la vida* (1951), su ensayo más propiamente filosófico, Mañach citaba directamente a Freud, a quien atribuía el descubrimiento de las que llamaba «musarañas de la voluntad»: «conjurados o no por la imaginación, se aparecen los más sórdidos parásitos de la conciencia, los crispines de nuestra voluntad ideal, los alcahuetes y recaderos del barrio bajo del subconsciente, que Freud visitó» (1998: 31). En su idea de Goethe como prototipo del «hombre acumulado», después de Leonardo, Mañach seguía a José Martí pero también a Sigmund Freud (1998: 139-159).

Los acercamientos a Freud en el campo filosófico cubano de los años cincuenta son puntuales pero significativos. El filósofo existencialista Humberto Piñera Llera publicó en la *Revista Cubana de Filosofía* un ensayo que valoraba muy positivamente el papel del psicoanálisis en la interpretación del arte. Como Lezama, Piñera Llera caía en juicios gratuitos sobre el «complejo erotomaníaco del propio Freud», pero reconocía al vienés haber creado una teoría psicoanalítica del arte, basada en la noción del «apetito clamoroso» del sujeto artístico, que, a su juicio, habían desarrollado plenamente discípulos suyos como Charles Baudouin y Otto Rank (Piñera Llera 1955). La lectura freudiana del símbolo de la muerte en *King Lear* de Shakespeare contenía un núcleo analítico que podía transferirse a muchas otras obras literarias, como los poemas de Federico García Lorca.

En la revista *Ciclón*, que dirigía el crítico José Rodríguez Feo, se homenajeó a Freud en 1956, con motivo del centenario del padre del psicoanálisis. Allí se tradujeron ensayos de Lionell Trilling, W. H. Auden y Maurice Blanchot y un joven psicoanalista cubano, Enrique Collado, hizo un recuento de las escuelas psicoanalíticas en la primera mitad del siglo XX[4]. También en *Ciclón*, Virgilio Piñera, hermano de Humberto, publicaba un artículo titulado «Freud y Freud», donde cuestionaba el estatuto científico del psicoanálisis –«puede ocurrir que al cumplirse otro centenario del nacimiento de Freud parezca anacrónico su método, que se descubran sorprendentes falsedades y hasta flagrantes supercherías»– pero valoraba elogiosamente la dimensión artística del psicoanálisis, especialmente a partir de *La interpretación de los sueños*, del que citaba el pasaje sobre las pesadillas de la mujer de un policía:

> Freud es gran artista en tanto intérprete de la oscura vida psíquica del hombre. Su fantasía poderosa, que lo sitúa entre los grandes artistas de todas las épocas, lo lleva, con poderes de brujo a la construcción de un mundo que al par que implacablemente lógico es también implacablemente ilógico. Como si Freud se hubiera visto constreñido por el material psíquico con el cual operaba a recubrir sus hallazgos con el polvillo *fabuloso* desprendido de ese mismo material. ¿Quién no recuerda, por ejemplo, su celebérrima interpretación de los sueños? Si un sueño ya es de por sí pasmoso, mucho más pasmosa será la interpretación que Freud nos da del mismo. Es decir, que a medida que vamos leyendo la

---
[4] Sobre ese número de *Ciclón*, véase Rojas 2006: 156-157.

interpretación freudiana de este o aquel sueño, al mismo tiempo que Freud nos descubre el mecanismo de la vida onírica va desplegando ante nuestra vista otro sueño, esto es, la interpretación del sueño por el estudiado, y dicha interpretación por el hecho de haber sido presentada como sueño exige a su vez ser interpretada. Aquí, como sucede en el arte, la estatua es más acabada y compleja que el modelo. (Piñera 1956: 48-49)[5]

La generación intelectual de los años cincuenta en Cuba (Guillermo Cabrera Infante, Calvert Casey, Edmundo Desnoes, Antón Arrufat, Lisandro Otero, Antonio Benítez Rojo…) surgió marcada por lecturas existencialistas y psicoanalíticas. Freud, por ejemplo, es una alusión constante en la obra de Cabrera Infante (2015: 597-598). En sus memorias, el pintor Raúl Martínez asegura que para principios de los sesenta, «conocía a Freud y sus escritos sobre psicoanálisis, la teoría onírica, el complejo de Edipo y los ensayos sobre Miguel Ángel y Leonardo da Vinci». También afirma que «los textos de Adler y Jung no le eran desconocidos, y tampoco los de Wilhelm Steckel y Karen Horney» (Martínez 2007: 376). Menciona Martínez a un psiquiatra cubano de apellido Rosselló, amigo también del dramaturgo Abelardo Estorino, que favorecía las lecturas psicoanalíticas en medios culturales cubanos y se oponía a la homofobia, las UMAP y la política de «rehabilitación de desviados» emprendida por el Estado socialista (Martínez 2007: 377).

Una idea más aproximada de la difusión que alcanzó el psicoanálisis en el campo intelectual cubano, para la primera mitad mitad de los sesenta, ayuda a comprender mejor el fuerte impacto cultural del desplazamiento que se produjo con la introducción de la psiquiatría reflexológica soviética en las instituciones de la salud pública de la isla, especialmente en el Hospital Psiquiátrico de La Habana. El poeta y psiquiatra cubano Pedro Marqués de Armas, exiliado en

---

[5] Al respecto, véase también Muñoz 2012.

Barcelona, ha estudiado cuidadosamente la implementación de los dogmas soviéticos en el tratamiento de la homosexualidad como enfermedad mental, entre los años sesenta y setenta. Las técnicas de «corrección» de la «desviación sexual», importadas de Moscú, se trasmitían diáfanamente en artículos de la *Revista del Hospital Psiquiátrico de La Habana* a cargo de Eduardo Gutiérrez Agramonte o Florencio Villa Landa (Marqués de Armas 2014: 183-185).

Villa Landa, un comunista español exiliado en la URSS, que al triunfo de la Revolución se trasladó a la isla, fue uno de los promotores de la «higiene mental», como meta de una ciudadanía sana, según el paradigma reflexológico. Su libro *Psicopatología clínica* (1968), que contenía un severo cuestionamiento del psicoanálisis, fue referente central de la práctica de la psiquiatría en Mazorra (Cuadriello 2009: 249-250). La comunidad psiquiátrica y psicológica de la isla se insertó en la red internacional del campo socialista y se alineó con los soviéticos en su disputa con la psiquiatría occidental. Cuando los soviéticos, en protesta por las denuncias occidentales contra el papel de los psiquiatras en la represión de disidentes, se retiraron de la Asociación Mundial de Psiquiatría entre fines de los setenta y principios de los ochenta, Cuba y varios países socialistas siguieron los pasos de Moscú.

Desde que en 1963 la *Revista del Hospital Psiquiátrico de La Habana* publicó los «Fundamentos de la psiquiatría soviética» de I. T. Victorov, el modelo neurocéntrico y antipsicoanalítico soviético se volvió hegemónico en la isla (Quiñones Vidal *et al.* 1990). Autores como Andrei Snezhnevsky, Lev Semiónovich Vygotsky, Alexander Luria y Alexei Leontiev, fuertes defensores de los enfoques neurológicos, organicistas o basados en el concepto de «actividad», se volvieron las voces autorizadas dentro de la comunidad psiquiátrica cubana. De un total de 1 021 artículos aparecidos en dicha revista entre 1959 y 1984, 296 estaban dedicados a la psicopatología clínica, 82 a la «higiene mental» y sólo 9 al psicoanálisis, desde una perspectiva fundamentalmente crítica (Quiñones Vidal *et al.* 1990). La estigmatización del psicoanálisis no sólo operó en la comunidad médica sino también en las ciencias sociales. El psicoanálisis quedó comprendido dentro de la «tendencia psicológica» de la sociología burguesa, condenada en el manual de F. V. Konstantinov (1965: 661-665), por su idealismo y su subjetivismo.

En *Madhouse*, el reciente estudio de Jennifer Lambe sobre la clínica Mazorra, se sugiere que el hospital psiquiátrico habanero es un sitio arqueológico y psicoanalítico a la vez (2017: 4-5). Unas ruinas circulares desde donde es posible reconstruir la historia de la locura en las dos mitades de la Cuba moderna: la republicana y la revolucionaria. Pero la historia de Mazorra de Lambe no oculta el evidente contraste de la limitada referencialidad de Freud y el psicoanálisis en el tratamiento de las enfermedades mentales en Cuba. Primero bajo la influencia del sistema de salud pública norteamericano y luego del soviético, la lucha por la jurisdicción sobre el mundo de la locura y los sueños, en Cuba, favoreció siempre a la psiquiatría más organicista. El desencuentro entre esa racionalidad clínica y una cultura caribeña como la cubana ofrece claves para la arqueología de la represión en la isla.

Ni siquiera en la efímera revista *Pensamiento Crítico* (1967-71), editada por jóvenes filósofos cubanos como Fernando Martínez Heredia, Aurelio Alonso y Jesús Díaz, que criticaban el escolasticismo soviético y simpatizaban con la descolonización, el existencialismo y el estructuralismo, en sintonía con la Nueva Izquierda, se asimiló del todo el entendimiento entre psicoanálisis y marxismo que avanzaba desde Antonio Gramsci en los años treinta[6]. Los textos de Theodor Adorno, Herbert Marcuse, Jean Paul Sartre o Louis Althusser, que se publicaron en *Pensamiento Crítico*, no hacían visible el peso del

---

[6] Véase Gramsci 2013: 247, 352 y 363. También, Buci-Glucksmann 1978: 114-120.

psicoanálisis en la obra de esos cuatro pensadores[7]. En el ensayo de Marcuse sobre la «tolerancia represiva», en el de Adorno sobre el «conflicto social», e incluso en los de Althusser sobre Lenin y Sartre sobre el movimiento estudiantil del 68, la teoría psicoanalítica era un discurso y un lenguaje incorporados, pero ocultos.

El estudio de Francois George (1969) sobre Althusser minimizaba la fuerte inmersión en la obra de Sigmund Freud y Jacques Lacan del marxista francés[8]. Freud y Lacan sólo aparecían en una cita de J. A. Miller, que sostenía que Althusser había provocado una «liberación» del pensamiento marxista, similar a la que Lacan operó sobre el freudismo. Incluso en un número como el 18/19 de 1968, dedicado al estructuralismo francés, con textos de o sobre Claude Levi-Strauss, Roland Barthes, Paul Ricoeur, Henri Lefebvre, Lucien Sebag, Marc Barbut y Jean Cuisenier, el psicoanálisis está sumergido (véase, por ejemplo, Cuisenier 1968). Sumergido como la propia psiquiatría, que en el ensayo sobre Frantz Fanon de un número anterior aparece como un avatar biográfico (Maschino 1967). La más clara aproximación al psicoanálisis, como una de las fuentes intelectuales del marxismo de la Nueva Izquierda, aunque específicamente en Gran Bretaña, la ofreció Perry Anderson en su gran ensayo «Los componentes de la cultura nacional», publicado en La Habana a fines de 1969.

Lo curioso es que en aquel ensayo Anderson, luego de reseñar los ejercicios terapéuticos de Melanie Klein y sus discípulos en Londres, concluía algo que los nuevos marxistas cubanos habrían suscrito con más razón: para fines de los sesenta, «el impacto del psicoanálisis en la cultura británica había sido nulo» (1969: 99). Según Anderson ese insularismo de la izquierda inglesa, constantemente denunciado por la *New Left Review*, revista emparentada por más de un flanco con *Pensamiento Crítico*, propiciaba una falta de contacto con las resonan-

---

[7] Véase *Pensamiento crítico* 34/35: 248-253.
[8] Sobre el psicoanálisis en Althusser, véase Althusser 1996: 17-48.

cias psicoanalíticas del pensamiento de Talcott Parsons, Claude Levi-Strauss, Roman Jakobson, Theodor Adorno o el propio Althusser, quien sostenía que así como Marx había demostrado que el «sujeto humano no es el centro de la historia», Freud demostró que ese «sujeto está descentrado, construido por una estructura que no tiene centro» (Anderson 1969: 100).

En la filosofía cubana, no sólo el diálogo entre psicoanálisis y marxismo, sino la propia relectura del pensamiento psicoanalítico, que a partir de la obra de Jacques Lacan marcó buena parte del corpus estructuralista y post-estructuralista, fueron segregados. Hasta bien entrados los noventa, cuando revistas de escasa circulación como *Criterios*, encabezada por el teórico cultural Desiderio Navarro, o *Diásporas*, dirigida por los escritores Rolando Sánchez Mejías y Carlos Alberto Aguilera, intentaron hacer la diferencia, el núcleo central de la filosofía postmoderna era desconocido y rechazado en Cuba, como parte de una deliberada identificación oficial entre lo postmoderno y lo neoliberal. Apenas en el siglo xxi, cuando su influencia en la vida contemporánea se debilita, la recepción del psicoanálisis en Cuba comienza a experimentar una relativa despenalización. El psicoanálisis llega a Cuba, en tiempos de globalización, como noticia arqueológica de la gran epopeya del saber en siglo xx.

La Condesa, Ciudad de México, junio, 2017

X.

Benítez Rojo en su laboratorio

1989 fue un año crucial para la historia de Cuba. En pocos meses se acumularon múltiples eventos que condensaban cambios previos o que implicaban giros en el futuro inmediato. Ese año cayó el Muro de Berlín y se aceleró el proceso de transición de los socialismos reales de Europa del Este. Mijaíl Gorbachov viajó a La Habana, se produjo la causa Nº 1 contra el general Arnaldo Ochoa, los hermanos De la Guardia y más de cuarenta oficiales, murió Nicolás Guillén y Fidel Castro formuló, por primera vez, la idea de un «periodo especial en tiempos de paz». Ese año apareció en Ediciones del Norte la primera versión de *La isla que se repite. El Caribe y la perspectiva postmoderna*, del escritor cubano Antonio Benítez Rojo.

El autor de aquel ensayo cardinal de los estudios culturales caribeños era un narrador habanero de los años sesenta y setenta que, residiendo en la isla, escribió cuentos fundamentales de la nueva narrativa cubana, reunidos en dos volúmenes: *Tute de reyes* (1967), Premio Casa de las Américas, y *El escudo de hojas secas* (1969), Premio Luis Felipe Rodríguez de la UNEAC. Benítez era uno de aquellos tantos jóvenes escritores de la isla, de quienes se esperaba la «novela de la Revolución». Leonardo Acosta (1967) lo celebró en la propia revista *Casa de las Américas* y Reinaldo Arenas le dedicó una reseña enjundiosa en *Unión*, que vale la pena citar. Decía Arenas que *Tute de reyes* era un libro que, a diferencia de la mayoría de los premiados en Cuba, merecía el reconocimiento de Casa de las Américas porque

Se trata de un libro complejo, de difícil comprensión para lectores apresurados, de sutilezas y pequeños e importantísimos detalles que enriquecen el desarrollo del argumento. Es además un libro variado donde sorprenden tanto los aciertos, como los defectos, y donde la verdadera unidad –la médula del libro– lo forman, más que las anécdotas que se cuentan el contenido de las mismas, el propio estilo del autor, el mundo que él inventa o recrea; su imaginación. (Arenas 2013: 86)

Agregaba Arenas, siguiendo al crítico mexicano Emmanuel Carballo y, por supuesto, a Borges o a Cortázar o a Piñera, que, en contra de las insistentes demandas de realismo social de la burocracia ideológica, lo más «revolucionario» en la Cuba de los sesenta era escribir literatura «fantástica» (2013: 87). Cosa que Benítez Rojo había logrado por partida doble, es decir, escribiendo literatura fantástica sobre la propia Revolución. Ese «doble riesgo», que hacía «más apreciables sus aciertos», según Arenas, destinaba a Benítez a la gran novela. Como el propio autor de *Celestino antes del alba* (1967), Benítez, según Arenas, era un novelista, ya que sus «narraciones necesitan de cierto espacio para quedar completamente desarrolladas» (2013: 90).

La novela de Benítez Rojo, continuaba Arenas, era una versión extendida del cuento «Estatuas sepultadas», no sólo «el mejor del libro sino uno de los cuentos imprescindibles de nuestra literatura» (2013: 92). El relato de Benítez, que dio forma al guión del film *Los sobrevivientes* (1979), de Tomás Gutiérrez Alea, era una novela en ciernes, que creaba «todo un universo, con sus códigos morales, con sus diferentes planes de evasión, con sus mezquindades y aventuras deliciosas y con la intolerable presencia del misterio». Una novela en potencia, concluye Arenas, que «por primera vez en nuestra literatura trata en forma verdaderamente literaria la enajenación de toda una familia antirrevolucionaria que se encierra en una especie de laberinto, en una prisión física y espiritual» (2013: 92). El mayor acierto de Benítez Rojo había sido captar el «marco vertiginoso de la Revolución» por medio de la tragedia de sus víctimas (Arenas 2013: 87).

«Estatuas sepultadas», como sabemos, se convirtió en película pero no en novela. El siguiente ejercicio narrativo de Benítez, «Los inquilinos» (1976), de mayor aliento, fue, en todo caso, una noveleta negra, ambientada en La Habana prerrevolucionaria, sin la ironía y la fuerza del célebre cuento de *Tute de reyes* (Benítez Rojo 1997: 157-190). Las dos novelas de Benítez, *El mar de las lentejas* (1979) y *Mujer en traje de batalla* (2001), fueron ficciones históricas que abandonaban explícitamente la búsqueda de una «novela de la Revolución». La primera se remontaba al siglo XVI y la conquista y colonización de las Antillas, por medio del personaje real de Pedro de Ponte y Vergara, Regidor de Tenerife y negrero poderoso en tiempos de Felipe II, asociado con el pirata inglés John Hawkins. La precisión con que Benítez reconstruyó la vida del magnate canario es deslumbrante, como se deriva de la lectura de la documentada *Biografía* posterior, que Antonio Romeu de Armas (2006) escribió con material testamentario de la familia Ponte.

La segunda novela de Benítez Rojo, *Mujer en traje de batalla*, también fue un relato histórico, basado en la vida de Enriqueta Faber, la joven doctora suiza que se disfrazó de hombre para ejercer la medicina en Baracoa, Cuba, a principios del siglo XIX. Con la identidad de Enrique Faber, la joven llegó a casarse y a hacer vida en pareja con la cubana Juana de León hasta que su verdadero sexo fue revelado, desatando un sonado juicio en la Audiencia de Puerto Príncipe, que la condenó a cuatro años de reclusión en un hospital de mujeres de La Habana. Tras algunos intentos de fuga, Enriqueta Faber fue deportada a Nueva Orleans, con la prohibición expresa de no avecindarse en ningún reino de las Españas (Benítez Rojo 2001: 509).

Antonio Benítez Rojo no escribió la «novela de la Revolución», que se esperaba de él y de otros escritores de su generación –Edmundo Desnoes, Lisandro Otero, Jaime Sarusky…–, pero alcanzó a escribir uno de los ensayos fundamentales de la post-Revolución: *La isla que se repite*. En las páginas que siguen propongo una visita al laboratorio de Benítez Rojo, a su campo referencial durante el proceso de escritura de aquel ensayo, que releyó la tradición intelectual cubana. Dos archivos fueron invocados y, a la vez, actualizados por Benítez en *La isla que se repite*: el del caribeñismo y el de la postmodernidad. La conjunción de ambos, en la prosa del escritor cubano, produjo un emplazamiento de las coordenadas ideológicas de la literatura cubana a fines del siglo xx.

El archivo caribeño

Benítez Rojo era un novelista, lector de historiadores, antropólogos y filósofos. *Mujer en traje de batalla* tenía cuatro exergos: los primeros, de tres grandes escritores cubanos, Alejo Carpentier, José Lezama Lima y Guillermo Cabrera Infante, y el último de uno de los mayores historiadores de la isla, Leví Marrero. El historiador apuntaba en uno de los volúmenes de *Cuba: economía y sociedad*, a propósito de Enriqueta Faber, que el «prejuicio que cerraba a las mujeres toda oportunidad de ejercer profesiones y oficios que la tradición reservaba a los hombres dramatizó la vida de aquella dama audaz y emprendedora» (Benítez Rojo 2001: 9). *La isla que se repite*, además de estar dedicada a Fernando Ortiz, «maestro a distancia, en el medio siglo del *Contrapunteo*», mostraba una vasta cultura historiográfica, que se detenía, especialmente, en los narradores y pensadores de la historia del Caribe.

De Alexander von Humboldt a C. L. R. James, el saber histórico caribeño de dos siglos aparecía condensado en las páginas de aquel ensayo (1989: 197-198 y 333). Benítez Rojo era cuidadosamente atento a la obra de historiadores como Ramiro Guerra, José Luciano Franco y Manuel Moreno Fraginals, que habían descrito procesos de la historia de Cuba que insertaban la experiencia de la isla dentro del contexto caribeño. De Guerra citaba *Azúcar y población en las Antillas* (1927), como texto que cifraba los problemas del latifundio, el monocultivo y la dependencia de la agricultura cubana, sobre todo de la azucarera, recreados líricamente en el poema «La zafra» de Agustín Acosta (Benítez Rojo 1989: 115). Sin embargo, como ha observado el estudioso puertorriqueño Arcadio Díaz Quiñones, Guerra, al igual que su contemporáneo Antonio S. Pedreira en la isla vecina del Caribe hispano, pensaba la historia y la cultura cubana como frontera criolla de las Antillas, determinada por un sentido de enemistad íntima con el Caribe negro (Díaz Quiñones 2006: 319-376). En Guerra y otros intelectuales de su generación, como Alberto Lamar Schweyer en *La crisis del patriotismo. Una teoría de las inmigraciones* (1929), predominaba una idea de la nacionalidad cubana basada en la hegemonía del criollo blanco, que rechazaba la importación de braceros antillanos o la inmigración peninsular porque «ennegrecían» o «españolizaban» la cultura nacional (Guerra 1929: 17 y 89).

Esa idea del Caribe negro como enemigo íntimo o frontera cultural inmediata, no aparecía, desde luego, en otras fuentes de Benítez como José Luciano Franco o Manuel Moreno Fraginals. Del ensayo del primero, *La presencia negra en el Nuevo Mundo* (1968), tomaba algunas claves de la historia y el concepto de *cimarronaje*, aplicado al ganado salvaje, los indios y, finalmente, los negros esclavos rebeldes (Benítez Rojo 1989: 291). De Moreno, y también de Leví Marrero, en un diálogo historiográfico que traspasaba ideologías, rescataba Benítez sus divergentes juicios sobre el libro de litografías, *Los ingenios* (1857), de Justo G. Cantero y Eduardo Laplante. Frente a las litografías de Laplante, el historiador liberal fijaba la vista en los esclavos y el marxista en las máquinas, pero ambos entendían las economías y sociedades de la plantación azucarera caribeña como un complejo agro-industrial y esclavista, inmerso en el mercado atlántico de los siglos XVIII y XIX (1989: 105-106). También se interesaba Benítez en el juicio de Moreno sobre el *Contrapunteo cubano del tabaco y el azúcar* (1940) de Ortiz, texto reverenciado en *La isla que se repite*, e intentaba polemizar con el autor de *El ingenio* (1964). Vale la pena reproducir ambos comentarios, el de Moreno y el de Benítez, sobre el *Contrapunteo*, para entender con mayor claridad el diferendo. Decía Moreno de la obra magna de Ortiz:

> Libro que arranca, como lo expresa el título, de los contrastes de ambos productos. La idea fue desarrollada inicialmente por el autor en un breve folleto titulado *Contraste económico del azúcar y el tabaco*, La Habana, Molina, 1936. (Separata de la *Revista Bimestre Cubana*, t. XXXVIII / 1936). La obra contiene el ensayo de Fernando Ortiz, propiamente dicho, y numerosos e interesantes apéndices. Escrito con toda la gracia e ingenio del maestro Fernando Ortiz, planteando los contrastes entre el azúcar y el tabaco al modo que hiciera el Arcipestre de Hita en la pelea entre Don Carnal y Doña Cuaresma. Muchas de sus afirmaciones son brillantísimas y sugerentes: otras muchas no resisten el menor análisis crítico. (2001: 728-729)

Y aquí la réplica de Benítez:

> En la bibliografía comentada que Manuel Moreno Fraginals incluye en la segunda edición de *El ingenio*, dice del *Contrapunteo*: «muchas de sus afirmaciones son brillantísimas y sugerentes, otras no resisten el menor análisis crítico». Claro, Moreno Fraginals nos habla desde su óptica de historiador moderno del azúcar, la cual implica una «verdad» científica y también una «verdad» ideológica. Aquellas afirmaciones de Ortiz que convengan a estas «verdades», serán «brillantísimas» y «sugerentes»; aquellas que no, no resistirán el «menor análisis crítico». Es el juicio típico de un investigador científico social-moderno; el juicio de una voz especializada, ideologizada, autorizada y legitimada por su fidelidad a ciertos metarrelatos de la modernidad. Y digo esto sin ironía. Todos sabemos que *El ingenio* es uno de los textos más fascinantes que ha dado al mundo la literatura del azúcar. Pero, ciertamente, también lo es el *Contrapunteo*. Sobre todo si no se lee exclusivamente como un estudio económico-social acerca del tabaco y el azúcar, sino más bien como un texto que desea hablarnos de lo cubano y, por extensión, de lo caribeño. (Benítez Rojo 1989: 152)

Son múltiples las insinuaciones y los matices que valdría la pena glosar de este intercambio. La crítica de Moreno a Ortiz tenía un sentido preciso, que escapaba a Benítez, y era que, de acuerdo con la tesis central del tercer capítulo, del primer tomo de *El ingenio*, el azúcar, más propiamente que el tabaco, había sustentado materialmente a la producción de una cultura nacional en el siglo XIX (Moreno Fraginals 2001: 108-116). Pero la objeción de Benítez a Moreno era válida, en el sentido de la plataforma postmoderna en la que se ubicaba el escritor, como una defensa de la apertura epistemológica y el giro lingüístico de fines del siglo XX, que llamaba a operar con criterios más flexibles de verdad y a enfrentar los prejuicios cientificistas contra la literatura (Palti 1998: 25-34). Esa defensa movilizaba la propuesta de Benítez de leer el *Contrapunteo* como texto literario e incluso, de definir *El ingenio* como «uno de los textos más fascinantes que ha dado al mundo la literatura del azúcar».

Vale la pena detenerse, sin embargo, en la última frase del pasaje citado. Según Benítez Rojo, el *Contrapunteo* –y tal vez, con más razón, *El ingenio*– era «un texto que desea hablar de lo cubano y, por extensión, de lo caribeño». He ahí la más clara discontinuidad que el archivo caribeñista de *La isla que se repite* establece con la tradición intelectual del nacionalismo cubano que, en diversos momentos de su evolución, entendió las Antillas, especialmente las no hispánicas, como un otro cercano. Moreno, por ejemplo, dedicaba las primeras páginas de *El ingenio* a la reconstrucción del proceso de las «sugar islands» antillanas, con toda la bibliografía, sobre todo la británica, que se abocó al estudio de aquella experiencia entre los siglos XVIII y XIX (Moreno Fraginals 2001: 5-11). Cuba, su economía, su sociedad y su cultura, eran parte indisociable de una historia regional, y no una excepción nacionalista dentro del Caribe.

Lo que intentaba trasmitir Benítez con su valoración del *Contrapunteo* de Ortiz era que cualquier estudio serio de «lo cubano» era, «por extensión», un estudio de «lo caribeño», ya que la historia de

Cuba poseía, por decirlo así, una estructura antillana. Sin embargo, habría que reconocer, como señalaron algunos críticos[9], que el mapa caribeño de *La isla que se repite* estaba claramente inclinado a favor de Cuba, con sus generosos estudios sobre Agustín Acosta, Nicolás Guillén y Alejo Carpentier, este último exhaustivamente analizado por Roberto González Echevarría. Al puertorriqueño Luis Palés Matos sólo se le mencionaba una vez, a pesar del diálogo con Edgardo Rodríguez Juliá y Luis Rafael Sánchez que muestra el libro, y la República Dominicana moderna prácticamente no existía en *La isla que se repite*. Aimé Césaire y Eric Williams, Franklin Knight y Wilson Harris eran referentes visibles, pero sus islas no tanto. El archivo antillano de Benítez era, primordialmente, el del caribeñismo cubano.

En escritores cubanos negristas o africanistas como Alejo Carpentier o Nicolás Guillén, y en Fernando Ortiz y la escuela de cubana de antropología, Benítez encontraba la más clara afirmación de esa «caribeñidad por extensión» en la historia intelectual de la isla. Sin embargo, en algunos de aquellos autores, dicha caribeñidad era entendida en términos estrictamente cubanos, con pocas zonas de contacto con las otras islas antillanas. Ortiz, en el *Contrapunteo*, también se detenía en el lapso histórico de construcción de las «sugar islands» de las Antillas, luego del traslado de la caña de las Canarias, pero rápidamente ponía énfasis en el origen «mulato», es decir, específicamente «afrocubano», del azúcar (2002: 206). Y en *El huracán. Su mitología y sus símbolos*, a partir de Las Casas y otros cronistas de Indias, regresaba a otra historia común del mundo antillano, la de las tempestades (1947: 86-99).

Discípulos o críticos de Ortiz como Lydia Cabrera o Rómulo Lachatañeré insistieron en la identidad «afrocubana» de la santería, aunque el segundo, en su *Manual de santería* (1942), hablaba de redes de santeros, brujeros y yerberos que rendían culto a la Caridad del

---

[9] Véase, por ejemplo, Díaz Quiñones 2007.

Cobre y la Virgen de las Mercedes, a Ochún y Yemayá, por todas las islas del Caribe y hasta en la ciudad de Nueva York, a mediados del siglo XX (Lachatañeré 2014: 45-47). Sin embargo, en el clásico *El monte* (1954), de Cabrera, todavía se reiteraba el mito de Cuba como la «más blanca de las islas del Caribe», y se delineaba, como objeto de estudio, al «negro cubano» (2000: 9 y 13). Habría que discernir con mayor cuidado cuánto de lo caribeño o lo antillano era incluido o diferenciado en ese sujeto «negro» de la escuela cubana de antropología.

El archivo postmoderno

La impugnación del discurso del nacionalismo estrecho, en *La isla que se repite*, avanzaba por dos vías paralelas: la de la arqueología del archivo caribeñista y la de la apropiación del archivo postmoderno. Desde ambos horizontes se confrontaba una idea inmanente y autotélica de la cultura cubana que, tras la caída del Muro de Berlín, adquiría mayor fuerza en la esfera pública de la isla. La propia reintegración analítica de Cuba a la comunidad cultural del Caribe, que intentaba Benítez, tenía a su favor la difusión de las ideas postestructuralistas y postmodernas, desde fines de los años setenta, sobre todo en Francia, Alemania, Gran Bretaña y el medio académico de Estados Unidos al que él pertenecía, como profesor de Amherst College, en Massachusetts. La «perspectiva postmoderna», como la llamaba, ofrecía un campo visual irremplazable para la operación hermenéutica que imaginaba el escritor cubano.

Campo visual que, desde el título, enlaza *La isla que se repite* con la novela *El mar de las lentejas*. Como es sabido, en esta última ficción Benítez Rojo visualizaba los rostros de Pedro de Ponte y John Hawkins sobre los viejos mapas del cosmógrafo Guillaume le Testu, donde se le llamaba al Mar de las Antillas La Mer de Lentille, es decir, el Mar de las Lentejas, porque, además del sonido similar entre «antilla» y «lentilla», la Española, Puerto Rico, Cuba y demás islas caribeñas parecían «lentejas de oro, de plata, de perlas, de corambres, de sabores y colores preciosos» (Benítez Rojo 1999: 223). Uno de los personajes de la novela, Cristóbal de Ponte, reaparecía en las primeras páginas de *La isla que se repite* como miembro de la generación de conquistadores y negreros que exportaron al Caribe la máquina de la plantación (1989: XI-XII). El pensamiento postmoderno facilitaba a Benítez la comprensión del Caribe como una zona de islas y penínsulas, costas y litorales, donde se transgredían las fronteras entre naciones e imperios.

Esa transgresión, para la filosofía postmoderna, formaba parte, desde luego, de la acelerada mundialización del capitalismo –todavía no se hablaba de globalización–, pero también del cuestionamiento de la parcelación del saber, producida por las ciencias sociales modernas. Michel Foucault había adelantado esa crítica en *Las palabras y las cosas* (1966) y *La arqueología del saber* (1969), pero para los años ochenta la idea de la diseminación y el intercambio entre los discursos humanísticos generaba consenso en el campo intelectual de Occidente (Foucault 1985: 126-138 y 1983: 227-235). La morfología de los discursos históricos que propuso Hayden White en *Metahistory. The Historical Imagination in Nineteeth Century Europe* (1975), y que Benítez Rojo no sólo citaba en *La isla que se repite* sino que aprovechaba en su caracterización de Moreno Fraginals como «historiador científico moderno», vino a trasladar al campo de la historiografía las tesis más renovadoras del post-estructuralismo francés (Benítez Rojo 1989: 297 y 326).

El profesor de Amherst College leyó en francés algunos de los textos básicos del postmodernismo de los años setenta y ochenta como *El imperio de los signos* (1970) de Roland Barthes, *El Anti-Edipo* (1972) de Gilles Deleuze y Félix Guattari, *Vigilar y castigar* (1975) de Michel Foucault y, sobre todo, *La condición postmoderna* (1979) de Jean-Francois Lyotard, tal vez la fuente teórica fundamental de su ensayo. Desde las primeras páginas de *La isla que se repite*, la mayor deuda de Benítez era con Lyotard: la propia formulación de una «perspectiva postmoderna», la tesis de los metarrelatos legitimadores de la razón, el progreso y la emancipación, la distinción entre saber «narrativo» y saber «científico», los «juegos del lenguaje», el concepto de «inestabilidad» y, aunque de manera implícita, el principio de la «legitimación por la paralogía», eran de Lyotard (Benítez Rojo 1989: 150, 172, 174-175, 177, 309, 332)[10]. Una de las citas más largas de *La isla que se repite* es, de hecho, un pasaje de Lyotard sobre el «saber narrativo» que Benítez utiliza para enfatizar la naturaleza postmoderna del *Contrapunteo* de Ortiz (1989: 174-175).

Dado que en buena parte de la izquierda latinoamericana de los setenta y, emblemáticamente, en Casa de las Américas, entonces bajo la poderosa influencia del ensayo de Frederic Jameson *El postmodernismo o la lógica cultural del capitalismo avanzado* (1991), la tesis de Lyotard era ubicada en la derecha o en el naciente neoliberalismo, al que equivocadamente se asociaba toda la filosofía postmoderna, el gesto de Benítez fue mal recibido en Cuba. En aquel ensayo de Jameson, que se tradujo en la revista *Casa de las Américas*, no sólo se entendía la filosofía postmoderna como parte de la «pauta cultural dominante» sino también del «triunfo del populismo estético» (1991: 11-14), lo cual entra en contradicción con el rescate populista que ha intentado la izquierda latinoamericana en las dos últimas décadas. Tanto las críticas de Jameson como las de Edward Said a parte del post-estructuralismo francés, en *Cultura e imperialismo*, de 1993 (2012: 67), contribuyeron a difundir el estereotipo de una «derechización del pensamiento», a partir de la obra de Lyotard, Foucault y Deleuze y Guattari, sobre todo, que todavía puede leerse en el reciente ensayo de Jorge Fornet, *El 71. Anatomía de una crisis* (2013: 11).

---

[10] Véase también Lyotard 1987: 25-28, 43-50 y 99-119.

La isla que se repite es una refutación viva de ese tópico de la derechización del pensamiento occidental, o específicamente latinoamericano, tras la apertura epistemológica que representó el postestructuralismo francés. Benítez Rojo leyó *El Anti-Edipo* de Deleuze y Guattari en busca de una conceptualización y una metaforización de la «máquina» que le permitiera reconstruir el proceso secular de montaje de una estructura de dominación colonial y esclavista, basada en la economía de plantación azucarera (Benítez Rojo 1989: VI-XIII). El escritor cubano distinguía dos momentos en la transferencia de aquella tecnología de dominación, una ligada a la máquina marinera, colonizadora y evangelizadora de Cristóbal Colón y los primeros conquistadores, a la que llama «máquina, máquina, máquina» y que, siguiendo a Guattari y Deleuze, pasa intermitentemente del «flujo» a la «interrupción», y otra, la máquina plantadora propiamente dicha, que fluye y se interrumpe a la vez, como si se tratara de una «máquina tecnológico-poética» o una «metamáquina de diferencias», que involucra las dinámicas de la cultura popular de la región (1989: XXIV).

La obra de madurez de Benítez Rojo, en el exilio, como se lee en sus dos novelas, así como en su gran ensayo, continuó siendo anticolonial y antirracista. Sus comentarios sobre la obra de Fernando Ortiz, Lydia Cabrera, Agustín Acosta, Nicolás Guillén y Alejo Carpentier estaban informados por una arqueología de la representación de la diferencia cultural y racial en Cuba y el Caribe, durante el siglo xx. La «diferencia», un concepto central en la filosofía postmoderna y específicamente en Lyotard, Jacques Derrida y Gianni Vattimo[11], era asumida por Benítez Rojo como un dispositivo resistente y antihegemónico, dirigido a rescatar las historias subalternas de los esclavos y los negros caribeños que hablaban por la voz de los grandes poetas de las islas. De hecho, el libro de Foucault que más tomaba en cuenta Benítez era, fuera del conocido pasaje de *Las palabras y las cosas* sobre

---

[11] Véase por ejemplo Vattimo 1986: 149-176 y Derrida 1989: 344-382.

«El idioma de John Wilkins» de Jorge Luis Borges, que le servía para destacar las «heterotopías de la otredad» en el Caribe, *Vigilar y castigar*, donde leía los sistemas penitenciarios y de reclusión, aplicados a la población negra cubana, tomando como pretexto la poesía de Nicolás Guillén (Benítez Rojo 1989: 131 y 138-139).

¿Qué tenían que ver estas descripciones de las «máquinas de poder» en el Caribe con la derecha? Tal vez, lo que sucedía en los ochenta era que una zona del pensamiento de izquierda se resistía a la pluralización de los sujetos que proponía el pensamiento postmoderno y prefería seguir aferrada a versiones ya no tan críticas o irremediablemente anquilosadas del marxismo-leninismo. Benítez, de la mano de Deleuze y Guattari y también de Ortiz y Moreno Fraginals, comprendía el sistema de plantación azucarera y esclavista dentro del fenómeno más abarcador del capitalismo moderno. Tampoco *La isla que se repite* suscribía el mito del «fin de la historia» de Francis Fukuyama y el neoconservadurismo norteamericano, que en modo alguno convergían en la perspectiva postmoderna aplicada por Benítez Rojo, mucho más cerca, por ejemplo, de Jean Baudrillard que de Daniel Bell[12].

Es cierto, como hizo notar Arcadio Díaz Quiñones en un texto ya citado, que en aquel libro se escenificaba una visión post-bélica del Caribe. Post-bélica en un sentido de larga duración, que ubicaba al mundo antillano en un después de la gran Guerra Fría y de las pequeñas guerras civiles y anticoloniales que la acompañaron. La visión de lo caribeño como un espacio cultural que gravitaba hacia el «caos, el carnaval y la polirritmia» (1989: 312), que Benítez desarrolló convergiendo con algunos análisis que mezclaban el postmodernismo y las teorías matemáticas del caos, como *Turbulent Mirror* (1989) de John Brigs y F. David Peat y, sobre todo, *Caos Bound* (1990),

---

[12] Desde el postmodernismo también se criticó la idea del «fin de la historia». Véase, por ejemplo, Baudrillard 1993: 23-27 y Magris 2006: 9-28.

el estudio de Katherine Hayles sobre el «desorden» en la literatura contemporánea, a partir de las teorías de Barthes, Foucault, Derrida y Lyotard, alentó la falsa interpretación de que *La isla que se repite* proponía una imagen despolitizada de la región. Antes que Serge Gruzinski, Benítez tuvo el acierto de entrelazar, en un ejercicio de «pensamiento mestizo», las teorías del caos, la filosofía postmoderna y los estudios de Mijaíl Bajtin –y también de Julio Caro Baroja– sobre el carnaval, en su interpretación del neobarroco caribeño (1989: 183, 274 y 297)[13].

La escena de la Introducción, donde Benítez Rojo recuerda a dos negras caminando «de cierta manera» por alguna calle de La Habana, en los días de la crisis de los misiles, en octubre de 1962, y que lo convencieron «de golpe de que no ocurriría el apocalipsis» (1989: XIII), se sumó a ese malentendido. Bastaba leer unas páginas más adelante de la Introducción para convencerse de que esa «cierta manera» de caminar tenía que ver con el saber profundo de la cultura popular caribeña: un saber de resistencia, a la vez, contra la racionalidad tecnológica y la ideología consumista del capitalismo moderno, que, por medio de la fusión y el mestizaje, la hibridez o el sincretismo, se enfrentaba a los «desplazamientos» de las «formas territorializadoras externas» (1989: XXVI). Tampoco estaba Benítez Rojo muy lejos del Said de *Cultura e imperialismo* (1993), texto que apareció cuatro años después, pero que algunos críticos obtusos todavía le reprochan no haber tomado en cuenta.

Esa otra anticolonialidad se volvió mucho más transparente en la reedición ampliada de *La isla que se repite* (1998), en Barcelona, por la editorial Casiopea. Allí Benítez se abrió más plenamente al diálogo con escritores del Caribe continental, como se observa en los inteligentes comentarios sobre la Cándida Eréndira de García Már-

---

[13] Benítez no citaba a Caro Baroja, pero me consta que lo conocía. Véase Caro Baroja 1979: 11-24 y Gruzinski 2000: 13-22.

quez, y de las Antillas no hispanas, como Edouard Glissant, Derek Walcott y V. S. Naipaul, que en los mismos años estaban trabajando con nociones muy parecidas a las del cubano (Benítez Rojo 1998: 325-348 y 356-359). Recordemos, tan sólo, que *El discurso antillano* de Glissant apareció en 1981 y la primera edición en inglés de *La voz del crepúsculo* de Walcott se publicó en 1998, justo cuando Benítez ampliaba la versión original de su libro. Entre ambos ensayos, esenciales para rastrear las poéticas y las políticas intelectuales del Caribe, se instala el libro del cubano Benítez Rojo como una contribución ineludible al pensamiento caribeño contemporáneo.

En aquella edición definitiva de su libro, Benítez eliminó el subtítulo de «El Caribe y la perspectiva postmoderna», pero se mantuvo fiel a Lyotard en su relectura del *Contrapunteo* desde el paradigma del «saber narrativo» y ensanchó aún más el campo de aplicación de la teoría del caos al carnaval y la polirritmia caribeña (1998: 392). Sin embargo, Benítez Rojo tuvo la suficiente humildad y la generosa cortesía de concluir la nueva entrega de su libro con una afirmación de la estética sonora del Caribe como un conjunto de «proyectos nacionales» (1998: 372 y 387). Y a pesar de no renunciar al paradigma del saber postmodermo que había sustentado su investigación y su libro, Antonio Benítez Rojo supo despedirse de sus lectores con la recomendación de que esa comunidad de «pueblos del mar» que era el Caribe fuera estudiada a partir de un nuevo paradigma, «supersincrético» o «supermestizo», que entrelazara todos los momentos y todas las dimensiones de la cultura antillana.

Bibliografía

AA.VV. (1984): *Diccionario de la Literatura Cubana* [2 vols.]. La Habana: Letras Cubanas.

Acosta, Leonardo (1967): «Benítez gana la partida». En *Casa de las Américas* 45: 166-169.

Agramonte, Roberto (1947): «Filosofía cubana de las postrimerías». En *Revista Cubana de Filosofía* I (II): 4-15.

Aja, Pedro Vicente (1952): «Montoro y la tradición filosófica cubana», *Revista Cubana de Filosofía* II (10), enero-junio: 23-26.

Albin, María C. (2002): *Género, poesía y esfera pública. Gertrudis Gómez de Avellaneda y la tradición romántica*. Madrid: Trotta.

Althusser, Louis (1996): *Escritos sobre psicoanálisis, Freud y Lacan*. Ciudad de México: Siglo XXI.

Anderson, Perry (1969): «Componentes de la cultura nacional». En *Pensamiento Crítico* 34/35: 92-102.

Anderson, Sherwood (1927): «Theodore Dreiser». En *Revista de Avance* I (5), 5 de mayo: 115.

Arenas, Reinaldo (2013): *Libro de Arenas (Prosa dispersa, 1965-1990)* [Edición, notas y prólogo de Enrico Mario Santí y Nivia Montenegro]. Ciudad de México: Conaculta.

Areta Marigó, Gema (2001a): «Introducción». En *Verbum*. Sevilla: Renacimiento, 9-56.

— (ed.) (2001b): *Verbum* [edición facsimilar]. Sevilla: Renacimiento.

Arrufat, Antón (2008): *Las máscaras de Talía*. Matanzas: Ediciones Matanzas.

Auden, W. H. (1956): «En memoria de Sigmund Freud». En *Ciclón* 2: 20-21.

— (1959): «Poemas de W. H. Auden». En *Lunes de Revolución* 8, 4 de mayo: 8-9

Azorín (1964): *La ruta del Quijote*. Buenos Aires: Losada.
Báez, Luis (1995): *Memoria inédita. Conversaciones con Juan Marinello*. La Habana: Si-Mar.
Ballón Aguirre, José (1986): *Autonomía cultural americana: Emerson y Martí*. Madrid: Pliegos.
— (1995): *Lecturas norteamericanas de José Martí: Emerson y el socialismo contemporáneo*. Ciudad de México: CCyDEL / UNAM.
Bancroft, George (1865): «The Place of Abraham Lincoln in History». En *The Atlantic*: <http://www.theatlantic.com/magazine/archive/1865/06/the-place-of-abraham-lincoln-in-history/308479/>.
Baquero, Gastón (1991): *Indios, blancos y negros en el caldero de América*. Madrid: Instituto de Cooperación Iberoamericana / Ediciones de Cultura Hispánica.
— (1995a): *Poesía*. Madrid: Fundación Central Hispano.
— (1995b): *Ensayo*. Madrid: Fundación Central Hispano.
— (1998): *Poesía completa*. Madrid: Verbum.
— (2014): *Fabulaciones en prosa*. Santander: Fundación Banco Santander.
— (2015a): *Poesía completa*. Holguín: Ediciones de la Luz.
— (2015b): *Ensayos selectos*. Madrid: Verbum.
Baudrillard, Jean (1993): *La ilusión del fin*. Barcelona: Anagrama.
Ben Plotkin, Mariano (2001): *Freud in the Pampas. The Emergence and Development of a Psycoanalytic Culture in Argentina*. Stanford: Stanford University Press.
Benítez Rojo, Antonio (1989): *La isla que se repite. El Caribe y la perspectiva postmoderna*. Hanover: Ediciones del Norte.
— (1997): *Antología personal*. San Juan: Editorial de la Universidad de Puerto Rico.
— (1998): *La isla que se repite*. Barcelona: Casiopea.
— (1999): *El mar de las lentejas*. Barcelona: Casiopea.
— (2001): *Mujer en traje de batalla*. Madrid: Alfaguara.
Beuchot, Mauricio (2004): *Introducción a la filosofía de Santo Tomás de Aquino*. Salamanca: San Esteban.
Bloom, Harold (2000): *Cómo leer y por qué*. Barcelona: Anagrama.
Borges, Jorge Luis (1956): «Nota de un mal lector». En *Ciclón* II (1): 28.

Bosteels, Bruno (2012): *Marx and Freud in Latin America*. New York: Verso.

Braudel, Fernand (1970): *La historia y las ciencias sociales*. Madrid: Alianza.

Bruno, Paula (2011): *Pioneros culturales de la Argentina. Biografía de una época*. Buenos Aires: Siglo XXI.

Buci-Glucksmann, Christine (1978): *Gramsci y el Estado. Hacia una teoría materialista de la filosofía*. Madrid: Siglo XXI.

Cabrera, Lydia (2000): *El monte*. Miami: Universal.

Ana Cairo Ballester, *El Grupo Minorista y su tiempo*. La Habana: Ciencias Sociales, 1979

Camacho, Jorge L. (2013): *Etnografía, política y poder a finales del siglo XIX. José Martí y la cuestión indígena*. Chapel Hill: North Carolina Studies in the Romance Languages and Literatures, U. N. C. Department of Romance Languages.

Campuzano, Luisa (1997): «Dos viajeras cubanas a los Estados Unidos: la condesa de Merlín y Gertrudis Gómez de Avellaneda». En Campuzano, Luisa (ed.): *Mujeres latinoamericanas: historia y cultura*. La Habana: Casa de las Américas, 145-151.

Castillo, Luis Carlos (2007): *Etnicidad y nación. El desafío de la diversidad en Colombia*. Cali: Universidad del Valle.

Caro Baroja, Julio (1979): *El carnaval*. Madrid: Taurus.

Cabrera Infante, Guillermo (1960): «Los escritores versus USA». En *Lunes de Revolución* 55, 18 de abril: 3-4.

— (2015): *Mea Cuba antes y después*. Barcelona: Galaxia Gutenberg.

Castro, Américo (1983): *España en su historia*. Barcelona: Crítica.

Clair Lesman, Robert S. (2005): «Agendas of Translation; T. S. Eliot and Allen Tate in *Orígenes*». Dissertation. The University of Texas at Austin.

Coyle, Beverly & Filreis, Allan (eds.) (1986): *Secretaries of the Moon. The Letters of Wallace Stevens and José Rodríguez Feo*. Durham: Duke University Press.

Cullen, Countee (1927): «Copper Sun, poemas inglés por Countee Cullen». En *Revista de Avance* 1 (12): 318.

Cuadriello, Jorge Domingo (2002): *Los españoles en las letras cubanas durante el siglo XX*. Sevilla: Renacimiento.
— (2009): *El exilio republicano español en Cuba*. Madrid: Siglo XXI.
Cuesta, Leonel Antonio de la (1974): *Constituciones cubanas*. New York: Ediciones Exilio.
Cuisenier, Jean (1968): «El estructuralismo de la palabra, de la idea y de los instrumentos». En *Pensamiento Crítico* 18/19: 8-29.
Curts, John William (ed.) (1889): *The Correspondence of John Lothrop Motley*. Vol. 1. London: John Murray, Albemarle Street.
Chartier, Roger (1992): *El mundo como representación*. Barcelona: Gedisa.
Derrida, Jacques (1989): *La escritura y la diferencia*. Barcelona: Anthropos.
D'Estéfano Pisani, Miguel (1945): *Defensa social y peligrosidad*. La Habana: Jesús Montero.
Díaz Infante, Duanel (2003): *Mañach o la República*. La Habana: Letras Cubanas.
Díaz Quiñones, Arcadio (2006): *Sobre los principios. Los intelectuales caribeños y la tradición*. Buenos Aires: Universidad de Quilmes.
— (2007): «Caribe y exilio en *La isla que se repite* de Antonio Benítez Rojo». En *Orbis Tertius* XII (13).
Domínguez Michael, Christopher (2014): *Octavio Paz en su siglo*. Ciudad de México: Aguilar.
Eliot, T. S. (2002): «Los hombres huecos. Una monedita para el viejo» [traducción de Gastón Baquero]. En *Espuela de plata. Cuaderno bimestral de arte y poesía*. Sevilla: Renacimiento, 132-134.
— (2009a): «The Music of Poetry». En *On Poetry and Poets*. New York: Farrar, Straus and Giroux, 17-33.
— (2009b): «Fragmento de La Roca» [traducción de Gastón Baquero]. En *Clavileño. Cuaderno mensual de poesía*. Sevilla: Renacimiento, 87.
Elorza, Antonio (2002): *La razón y la sombra. Una lectura política de Ortega*. Barcelona: Anagrama.
Estrade, Paul (2000): *José Martí. Los fundamentos de la democracia en América Latina*. Madrid: Doce Calles.
Ette, Ottmar (1995): *José Martí, apóstol, poeta, revolucionario: una historia de su recepción*. Ciudad de México: UNAM.

Fanon, Frantz (2014): *Los condenados de la tierra*. Ciudad de México: Fondo de Cultura Económica.

Fernández Ledesma, Gabriel (1927): «New York». En *1927. Revista de Avance* I (9), agosto 9: 217.

Fernández Moreno, César (ed.) (1972): *América Latina en su literatura*. Ciudad de México: Siglo xxi.

Ferrús Antón, Beatriz (2011): *Mujeres y literatura de viajes en el siglo xix. Entre España y las Américas*. Valencia: Publicaciones de la Universidad de Valencia.

Frank, Waldo (1930): «Una palabra de Mariátegui». En *Revista de Avance* 47, junio: 165-166.

Florit, Eugenio (1955): *Poesía norteamericana contemporánea*. Washington: Unión Panamericana.

Fornet, Jorge (2013): *El 71. Anatomía de una crisis*. La Habana: Letras Cubanas.

Foucault, Michel (1983): *La arqueología del saber*. Ciudad de México: Siglo xxi.

—(1985): *Las palabras y las cosas*. Ciudad de México: Siglo xxi.

Fountain, Anne (2003): *José Martí and U. S. Writers*. Gainesville: The University Press of Florida.

Freeman, Stephen A. (1975): *The Middlebury College Foreign Language Schools, 1915-1970. The Story of a Unique Idea*. Middlebury: Middlebury College Press.

Freud, Sigmund (1926): «Resistencia al psicoanálisis». En *Amauta* I (1): 11-13.

— (1973): *Obras completas*. Madrid: Biblioteca Nueva.

— (1993): *Obras completas*. Buenos Aires: Orbis.

Galán, Eslava & Rojano Ortega, D. (1997): *La España del 98. El fin de una era*. Madrid: Edaf.

Gallo, Rubén (2010): *Freud's Mexico. Into de Wild of Psychoanalysis*. Cambridge: MIT Press.

Garriga, Carlos (ed.) (2010): *Historia y Constitución. Trayectos del constitucionalismo hispano*. Ciudad de México: Instituto Mora.

George, Francois (1969): «Leer a Althusser». En *Pensamiento Crítico* 34/35: 155-189.

González Cruz, Iván (2000): *Diccionario. Vida y obra de José Lezama Lima*. Valencia: Generalitat Valenciana.

González Echevarría, Roberto (1985): «Borges, Carpentier y Ortega». En *Quinto Centenario* 8: 127-134.

— (1993): *Alejo Carpentier: El peregrino en su patria*. Ciudad de México: UNAM.

González Esteva, Orlando (2014): *Animal que escribe. El arca de José Martí*. Madrid: Vaso Roto.

Gomariz, José (2009): «Gertrudis Gómez de Avellaneda y la intelectualidad reformista cubana. Raza, blanqueamiento e identidad cultural en *Sab*». En *Caribbean Studies* 1: 97-118.

Gould Cozzens, James (1929): «La agonía de Cuchita». En *Revista de Avance* 3 (41): 366, 368-370.

Gómez de Avellaneda, Gertrudis (1841): *Poesías de la señorita Dª Gertrudis de Avellaneda*. Madrid: Establecimiento Tipográfico.

— (1869): *Obras literarias de la señora doña Gertrudis Gómez de Avellaneda. Vol. I*. Madrid: Imprenta y Estereotipia de M. Rivadeneyra.

Gracia, Jordi (2014): *José Ortega y Gasset*. Madrid: Fundación Juan March.

Gramsci, Antonio (2013): *Antología. Selección, traducción y notas de Manuel Sacristán*. Ciudad de México: Siglo xxi.

Gruzinski, Serge (2000): *El pensamiento mestizo*. Barcelona: Paidós.

Guadarrama, Pablo & Rojas Gómez, Miguel (1995): *El pensamiento filosófico en Cuba: 1900-1960*. Toluca: Universidad Autónoma del Estado de México.

Guerra, Ramiro (1970): *Azúcar y población en las Antillas*. La Habana: Ciencias Sociales.

Guerra, Sergio (1997): «José Martí en Nuestra América: crítica a las doctrinas liberales». En *Sotavento* 1 (1): 75-86.

Gutiérrez Coto, Amauri (2005): *Polémica literaria. Entre Gastón Baquero y Juan Marinello*. Sevilla: Espuela de Plata.

Hale, Charles (1991): *La transformación del liberalismo en México a fines del siglo xix*. México: Vuelta.

Holmes, Oliver Wendell (1879): *John Lothrop Motley. A Memoir*. Boston: Houghton, Osgood and Company.

Ichaso, Francisco (1929): «Cura de verdad». En *Revista de Avance* 42: 14-16.
— (1930): «Meditación del impedido». En *Revista de Avance* 47: 185-186.
Iwasaki, Fernando (2010): «Borges, Unamuno y el Quijote». En *Biblioteca virtual universal*: <www.biblioteca.org.ar/libros/153318.pdf>.
Jameson, Frederic (1991): *El postmodernismo o la lógica cultural del capitalismo avanzado*. Barcelona: Paidós.
Jardines, Alexis (2005): *La filosofía cubana* in nuce. Madrid: Colibrí.
Jung, Carl Gustav (1930): «Psicología y poesía». En *Revista de Avance* 49 y 50: 242-248 y 274-279.
Kanzepolsky, Adriana (2004): *Un dibujo del mundo. Extranjeros en Orígenes*. Rosario: Beatriz Viterbo.
Kafka, Franz (1979): «Sobre la cuestión de las leyes». En *El castillo*. Ciudad de México: Alianza Editorial, 429-431.
Kersffeld, Daniel (2012): *Contra el imperio. Historia de la Liga Antimperialista de las Américas*. Ciudad de México: Siglo xxi.
Konstantinov, F. V. (1965): *Fundamentos de la filosofía marxista*. Ciudad de México: Grijalbo.
Lachatañeré, Rómulo (2014): *Manual de santería*. La Habana: Ediciones Cubanas.
Lamar Schweyer, Alberto (1929): *La crisis del patriotismo. Una teoría de las inmigraciones*. La Habana: Editorial Martí.
Lambe, Jennifer (2017): *Madhouse. Psychiatry and Politics in Cuba*. Chapell Hill: The University of North Carolina Press.
Lamore, Jean (2013): «Ciencia y crítica del cientificismo en Martí». En *Bohemia*, 21 de enero: <http://www.bohemia.cu/jose-marti/articulo7.html>.
Lezama Lima, José (1957): *La expresión americana*. La Habana: Instituto Nacional de Cultura / Ministerio de Educación.
— (1988): *Paradiso*. Paris: ALLCA XX.
— (1994a): *Poesía completa*. La Habana: Letras Cubanas.
— (1994b): *Diarios*. Ciudad de México: Era.
— (2010): *Oppiano Licario*. Ciudad de México: Era.
Lizaso, Félix (1929): «Waldo Frank y las dos Américas». En *Revista de Avance* 42: 10.

— (1930): «Hombre de letra viva». En *Revista de Avance* 47: 181-182.
Lund, Joshua (2017): *El Estado mestizo. Literatura y raza en México*. Ciudad de México: Malpaso.
Lyotard, Jean-Francois (1987): *La condición postmoderna. Informe sobre el saber*. Madrid: Cátedra.
McFarland Davies, Andrew (1891): «George Bancroft». En *Proceedings of the American Academy of Arts and Sciences* XVII: 3-4.
Magris, Claudio (2006): *La historia no ha terminado*. Barcelona: Anagrama.
Maeztu, Ramiro de (1972): *Don Quijote, Don Juan y la Celestina*. Madrid: Espasa Calpe.
— (1997): *Hacia otra España*. Madrid: Biblioteca Nueva.
Manzoni, Celina (2001): *Un dilema cubano. Nacionalismo y vanguardia*. La Habana: Casa de las Américas.
Mañach, Jorge (1927): «Vanguardismo». En *Revista de Avance* I (1): 2-3.
— (1929): «Signos de Waldo Frank». En *Revista de Avance* 42: 18-21.
— (1930): «The Weary Blues y Fine Clothes to the Jew». En *Revista de Avance* 47: 187-188.
— (1953): *El pensamiento de Dewey y su sentido americano*. La Habana: UNESCO.
— (1970): *Teoría de la frontera*. San Juan: Editorial Universitaria.
— (1998): *Obras. VII. Para una filosofía de la vida*. Cuenca, España.
— (1997): *Obras. V. Examen del quijotismo*. Cuenca, España, 1997.
Marinello, Juan (1929): «Meditación de Waldo Frank». En *Revista de Avance* 42: 7.
— (1935): «Martí y Lenin». En *Repertorio Americano* [vol. XXX] XVI (716): 57-59.
— (1965): «El Amauta José Carlos Mariátegui». En Casanovas, Martín (ed.): *Órbita de la Revista de Avance*. La Habana: Instituto del Libro.
— (1977): *Ensayos*. La Habana: Arte y Literatura.
— (1989): *Cuba: cultura*. La Habana: Letras Cubanas.
Marqués de Armas, Pedro (2017): «Salvador Massip. Una temprana recepción del psicoanálisis en Cuba». En *Hotel Telégrafo*: <https://hoteltelegrafo.blogspot.nl/2017/12/salvador-massip-una-temprana-recepcion_6.html>.

— (2014): *Ciencia y poder en Cuba. Racismo, homofobia y nación*. Madrid: Verbum.
Martínez, Raúl (2007): *Yo, Publio*. La Habana: Letras Cubanas.
Maschino, Maurice (1967): «Frantz Fanon: el itinerario de la generosidad». En *Pensamiento Crítico* 2-3: 93-105.
Martí, José (1953): *Obras completas* [2 volúmenes]. La Habana: Lex.
— (2003): *En los Estados Unidos. Periodismo de 1881 a 1892*. Paris: ALLCA XX.
— (2011): *Del Bravo a Magallanes. Textos sobre Nuestra América*. Madrid: Biblioteca Nueva.
Mathiessen, Francis O. (1941): *American Renaissance. Art and Expression in the Age of Emerson and Whitman*. New York: Oxford University Press.
Mencken, Henry Louis (1927): «Notas clínicas del Norte». En *Revista de Avance* 8: 197-199.
Mijangos, Pablo & Luna, Adriana & Rojas, Rafael (eds.) (2012): *De Cádiz al siglo XXI. Doscientos años de constitucionalismo en Hispanoamérica*. Ciudad de México: Taurus / CIDE.
Miller, Beth (1983): *Women in Hispanic Literature: Icons anf Fallen Idols*. Berkeley: University of California Press.
Miller, Beth & Deyermond, Alan (1979): «The Metamorphosis of Avellaneda's Sonnet to Washington». En *Symposium* 33: 153-170.
Mollier, Jean-Yves (2009): *La lectura en Francia durante el siglo XIX*. Ciudad de México: Instituto Mora.
Morán, Francisco (2014): *Martí, la justicia infinita. Notas sobre ética y otredad en la escritura martiana (1875-1894)*. Madrid: Verbum.
Monal, Isabel (1994): «José Martí: del liberalismo al democratismo antimperialista». En Miranda Francisco, Olivia & Monal, Isabel (eds.): *Filosofía e ideología de Cuba*. Ciudad de México: UNAM, 177-213.
Moreno Fraginals, Manuel (2001): *El ingenio. Complejo económico social cubano del azúcar*. Barcelona: Grijalbo.
— (2009): *Órbita*. La Habana: Unión.
Muñoz, Gerardo (2012): «Freud y Piñera». En *Diario de Cuba*, 9 de septiembre: <http://www.diariodecuba.com/cultura/1347172743_658.html>.

Motley, John Lothrop (1873): *The Rise of the Dutch Republic. A History.* London: George Routledge and Sons.
Navarro, Desiderio (ed.) (2007): *La política cultural del periodo revolucionario. Memoria y reflexión.* La Habana: Criterios.
Novás Calvo, Lino (1929): «Manhattan Transfer». En *Revista de Avance* 39: 312.
— (1930): «Su ejemplo». En *Revista de Avance* 47: 173-174.
Novo, Salvador (2016): «Estantería». En Cuesta, Jorge *et al.*: *Los Contemporáneos en El Universal.* Ciudad de México: Fondo de Cultura Económica.
Ordóñez López, Pilar & Sabio Pinilla, José Antonio (2015): *Historiografía de la traducción en el espacio ibérico.* Cuenca: Universidad de Castilla-La Mancha.
O'Neill, Eugene (1928): «En la zona: drama del mar» (Versión castellana y nota preliminar de Jorge Mañach)». En *Revista de Avance* 18: 12-15.
Ortega y Gasset, José (1914): *Meditaciones del Quijote.* Madrid: Residencia de Estudiantes.
— (1962): *Obras completas.* Madrid: Revista de Occidente.
Ortiz, Fernando (1947): *El huracán. Su mitología y sus símbolos.* Ciudad de México: Fondo de Cultura Económica.
— (2002): *Contrapunteo cubanos del tabaco y el azúcar.* Madrid: Cátedra.
Padura, Leonardo (2009): *El hombre que amaba los perros.* Barcelona: Tusquets.
Padilla, Heberto (1959): «Habla Waldo Frank». En *Lunes de Revolución* 30, 12 de octubre: 2.
Palti, Elías José (1998): *Giro lingüístico e historia intelectual.* Buenos Aires: Universidad de Quilmes.
Pérez Jr., Louis A. (1999): *On Becoming Cuban. Identity, Nationality, and Culture.* Chapel Hill: The University of North Carolina Press.
Pérez Firmat, Gustavo (2010): *The Havana Habit.* New Haven: Yale University Press.
Piglia, Ricardo (2014): *Antología personal.* Ciudad de México: Fondo de Cultura Económica.
Piñera Llera, Humberto (1951): «Sobre la filosofía y la primera mitad del siglo xx». En *Revista Cubana de Filosofía* II (7): 4-18.

— (1952): «La filosofía de don Rafael Montoro». En *Revista Cubana de Filosofía* II (10), enero-junio: 27-37.
— (1955): «Algunas interpretaciones psicoanalíticas del arte». En *Revista Cubana de Filosofía* III (12), mayo-diciembre: 5-12.
— (1960): *Panorama de la filosofía cubana*. Washington: Unión Panamericana.
Piñera, Virgilio (1956): «Freud y Freud». En *Ciclón* II (4): 48-49.
Porter, Katherine Ann (1929): «Magia». En *Revista de Avance* 32: 83-84.
Portocarrero, Jesús A. (1944): *Proyecciones actuales de la ciencia penitenciaria*. La Habana: Jesús Montero.
Pound, Ezra (1929a): «Energética literaria». En *Revista de Avance* 39: 307-309.
— (1929b): «Energética literaria. II. La prosa». En *Revista de Avance* 40: 337-348.
Quintanilla Pérez-Wicht, Pablo (2006): «La recepción del positivismo en Latinoamérica». En *Logos Latinoamericano* I (6): 65-76.
Quiñones Vidal, E. *et al.* (1990): «Aportaciones al estudio de la psicología y psiquiatría cubanas: análisis bibliométrico de la *Revista del Hospital Psiquiátrico de La Habana*». En *Revista Latinoamericana de Psicología* 22 (3): 343-386.
Reyes, Alfonso (1997): *Obras completas*. Ciudad de México: Fondo de Cultura Económica.
Riera Hernández, Mario (1974): *Cuba republicana. 1899-1958*. Miami: Editorial AIP.
Ripoll, Carlos (1964): «La *Revista de Avance* (1927-1930), vocero del vanguardismo y pórtico de la Revolución». En *Revista Iberoamericana* XXX (58): 261-282.
Rodríguez Arechavaleta, Carlos Manuel (2003): *Cuba 1940-1952. Una democracia presidencial multipartidista*. Tesis Doctoral, FLACSO.
Rodríguez Feo, José (1944): «George Santayana: crítico de una cultura». En *Orígenes* I (1): 41-44.
Rojas, Rafael (2000): *José Martí: la invención de Cuba*. Madrid: Colibrí.
— (2008): *Motivos de Anteo. Patria y nación en la historia intelectual de Cuba*. Madrid: Colibrí.

— (2009): *Las repúblicas de aire. Utopía y desencanto en la Revolución de Hispanoamérica*. Madrid: Taurus.
— (2014): *Los derechos del alma. Ensayos sobre la querella liberal-conservadora en Hispanoamérica*. Ciudad de México: Taurus.
Romeu de Arnas, Antonio (2006): «Pedro de Ponte, personalidad de Tenerife en el siglo xvi dentro de los ámbitos de la economía y la política». En *Anuario de Estudios Atlánticos* 52: 453-497.
Ross, Waldo (1954): *Crítica a la filosofía cubana de hoy*. La Habana: Cuadernos de Divulgación Cultural.
Rotker, Susana (1992): *Fundación de una escritura: las crónicas de José Martí*. La Habana: Casa de las Américas.
Saavedra, Victor (1994): *La promesa incumplida de Erich Fromm*. Ciudad de México: Siglo xxi.
Said, Edward (2012): *Cultura e imperialismo*. Barcelona: Anagrama.
Salazar Bondy, Augusto (1954): *La filosofía en el Perú. Panorama histórico*, Washington: Unión Panamericana.
Salgado, César Augusto (2001): *From Modernism to Neobaroque. Joyce and Lezama Lima*. Lewisburg: Bucknell University Press.
Santayana, Jorge (1927a): «La sabiduría de Avicena» [traducción de Jorge Mañach]. En *Revista de Avance* 6: 136-137.
— (1927b): «Aversión al platonismo». En *Revista de Avance* 15: 77-78.
Seguí, Luis (2012): *Sobre la responsabilidad criminal. Psicoanálisis y criminología*. Ciudad de México: Fondo de Cultura Económica.
Stevens, Wallace (1929): «Discurso académico en La Habana». En *Revista de Avance* 40: 328.
Tarcus, Horacio (2001): *Mariátegui en la Argentina o las políticas culturales de Samuel Glusberg*. Buenos Aires: El Cielo por Asalto.
Terán, Oscar (1987): *Positivismo en nación en la Argentina*. Buenos Aires: Pontosur.
Tyler, Parker (2006): «La ilustración poética» [traducción de José Rodríguez Feo]. En *Nadie parecía. Cuaderno de lo bello con Dios*. Sevilla, Renacimiento, 124-125.
Unamuno, Miguel de (1950): *Obras completas*, IV. Madrid: Afrodisio Aguado.

VALDÉS GARCÍA, Félix (2007): «Sin hacer del monte orégano. Jorge Mañach en la filosofía cubana». En *Temas* 52: 129-143.
VACANO, Diego A. von (2012): *The Color of Citizenship. Race, Modernity, and Latin American/ Hispanic Political Thought*. Oxford: Oxford University Press.
VATTIMO, Gianni (1986): *Las aventuras de la diferencia. Pensar después de Nietzsche y Heidegger*. Barcelona: Península.
VITIER, Medardo (1930): «Un ejemplo». En *Revista de Avance* 47: 184-185.
— (1938): *Las ideas en Cuba*. La Habana: Trópico.
— (1953): «Cincuenta años de estudio de la filosofía en la República». En *Bohemia*, 10 de mayo: 32-36 y 220.
— (1960): *Valoraciones*. Las Villas: Universidad de Las Villas.
— (1970): *Las ideas y la filosofía en Cuba*. La Habana: Ciencias Sociales.
WALCOTT, Derek (1998): *La voz del crepúsculo*. Madrid: Alianza Editorial.
WHITE, Hayden (1992): *Metahistoria. La imaginación histórica en la Europa del siglo XIX*. Ciudad de México: Fondo de Cultura Económica.
BUTLER YEATS, William (2006): «Ojo fijo de hoy» [traducción de José Lezama Lima]. En *Nadie parecía. Cuaderno de lo bello con Dios*. Sevilla, Renacimiento, 71.
WITTMANN, Reindhard (1998): «¿Hubo una revolución en la lectura a finales del siglo xviii?». En Guglielmo Cavallo y Roger Chartier, ed., *Historia de la lectura en el mundo occidental*. Madrid: Taurus, 1998, pp. 451-472.
ZAMBRANO, María (2007): *Islas*. Madrid: Verbum.
ZEA, Leopoldo (1968): *El positivismo en México. Nacimiento, apogeo y decadencia*. Ciudad de México: Fondo de Cultura Económica.

Catálogo Almenara

AGUILAR, Paula & BASILE, Teresa (eds.) (2015): *Bolaño en sus cuentos*. Leiden: Almenara.

AGUILERA, Carlos A. (2016): *La Patria Albina. Exilio, escritura y conversación en Lorenzo García Vega*. Leiden: Almenara.

AMAR SÁNCHEZ, Ana María (2017): *Juegos de seducción y traición. Literatura y cultura de masas*. Leiden: Almenara

BARRÓN ROSAS, León Felipe & PACHECO CHÁVEZ, Víctor Hugo (eds.) (2017): *Confluencias barrocas. Los pliegues de la modernidad en América Latina*. Leiden: Almenara.

BLANCO, María Elena (2016): *Devoraciones. Ensayos de periodo especial*. Leiden: Almenara.

BURNEO SALAZAR, Cristina (2017): *Acrobacia del cuerpo bilingüe. La poesía de Alfredo Gangotena*. Leiden: Almenara

CABALLERO VÁZQUEZ, Miguel & RODRÍGUEZ CARRANZA, Luz & SOTO VAN DER PLAS, Christina (eds.) (2014): *Imágenes y realismos en América Latina*. Leiden: Almenara.

CALOMARDE, Nancy (2015): *El diálogo oblicuo: Orígenes y Sur, fragmentos de una escena de lectura latinoamericana, 1944-1956*. Leiden: Almenara.

CAMPUZANO, Luisa (2016): *Las muchachas de La Habana no tienen temor de dios. Escritoras cubanas (siglos XVIII-XXI)*. Leiden: Almenara.

CASAL, Julián del (2017): *Epistolario. Edición y notas de Leonardo Sarría*. Leiden: Almenara.

CHURAMPI RAMÍREZ, Adriana (2014): *Heraldos del Pachakuti. La Pentalogía de Manuel Scorza*. Leiden: Almenara.

DEYMONNAZ, Santiago (2015): *Lacan en el cuarto contiguo. Usos de la teoría en la literatura argentina de los años setenta*. Leiden: Almenara.

Díaz Infante, Duanel (2014): *Días de fuego, años de humo. Ensayos sobre la Revolución cubana*. Leiden: Almenara.

Fielbaum, Alejandro (2017): *Los bordes de la letra. Ensayos sobre teoría literaria latinoamericana en clave cosmopolita*. Leiden: Almenara.

García Vega, Lorenzo (2018): *Rabo de anti-nube. Diarios 2002-2009. Edición y prólogo de Carlos A. Aguilera*. Leiden: Almenara.

Garrandés, Alberto (2015): *El concierto de las fábulas. Discursos, historia e imaginación en la narrativa cubana de los años sesenta*. Leiden: Almenara.

Giller, Diego & Ouviña, Hernán (eds.) (2018): *Reinventar a los clásicos. Las aventuras de René Zavaleta Mercado en los marxismos latinoamericanos*. Leiden: Almenara.

González Echevarría, Roberto (2017): *La ruta de Severo Sarduy*. Leiden: Almenara.

Gotera, Johan (2016): *Deslindes del barroco. Erosión y archivo en Octavio Armand y Severo Sarduy*. Leiden: Almenara.

Hernández, Henry Eric (2017): *Mártir, líder y pachanga. El cine de peregrinaje político hacia la Revolución cubana*. Leiden: Almenara.

Inzaurralde, Gabriel (2016): *La escritura y la furia. Ensayos sobre la imaginación latinoamericana*. Leiden: Almenara.

Kraus, Anna (2018): *sin título. operaciones de lo visual en 2666 de Roberto Bolaño*. Leiden: Almenara.

Loss, Jacqueline (2018): *Soñar en ruso. El imaginario cubano-soviético*. Leiden: Almenara.

Machado, Mailyn (2016): *Fuera de revoluciones. Dos décadas de arte en Cuba*. Leiden: Almenara.

— (2018): *El circuito del arte cubano. Open Studio I*. Leiden: Almenara.

— (2018): *Los años del participacionismo. Open Studio II*. Leiden: Almenara.

— (2018): *La institución emergente. Entrevistas. Open Studio III*. Leiden: Almenara.

Medina Ríos, Jamila (2018): *Diseminaciones de Calvert Casey*. Leiden: Almenara.

Molinero, Rita (ed.) (2018): *Virgilio Piñera. La memoria del cuerpo*. Leiden: Almenara.

Morejón Arnaiz, Idalia (2017): *Política y polémica en América Latina. Las revistas Casa de las Américas y Mundo Nuevo*. Leiden: Almenara.

Pérez-Hernández, Reinier (2014): *Indisciplinas críticas. La estrategia poscrítica en Margarita Mateo Palmer y Julio Ramos*. Leiden: Almenara.

Pérez Cano, Tania (2016): *Imposibilidad del* beatus ille. *Representaciones de la crisis ecológica en España y América Latina*. Leiden: Almenara.

Pérez Cino, Waldo (2014): *El tiempo contraído. Canon, discurso y circunstancia de la narrativa cubana (1959-2000)*. Leiden: Almenara.

Quintero Herencia, Juan Carlos (2016): *La hoja de mar (:) Efecto archipiélago I*. Leiden: Almenara.

Ramos, Julio & Robbins, Dylon (eds.) (2018): *Guillén Landrián o los límites del cine documental*. Leiden: Almenara.

Selimov, Alexander (2018): *Derroteros de la memoria*. Pelayo *y* Egilona *en el teatro ilustrado y romántico*. Leiden: Almenara.

Timmer, Nanne (ed.) (2016): *Ciudad y escritura. Imaginario de la ciudad latinoamericana a las puertas del siglo xxi*. Leiden: Almenara.

— (2018): *Cuerpos ilegales. Sujeto, poder y escritura en América Latina*. Leiden: Almenara.

Tolentino, Adriana & Tomé, Patricia (eds.) (2017): *La gran pantalla dominicana. Miradas críticas al cine actual*. Leiden: Almenara.

Vizcarra, Héctor Fernando (2015): *El enigma del texto ausente. Policial y metaficción en Latinoamérica*. Leiden: Almenara.

www.ingramcontent.com/pod-product-compliance
Lightning Source LLC
Chambersburg PA
CBHW022227010526
44113CB00033B/641